MARCO POLO

AF569426

Camper Guide

Bayern

Insider-Tipps

Für deine Wohnmobil-Touren

in Zusammenarbeit mit

PaulCamper

Inhalt

Das Beste zuerst

 Insider-Tipp

Serviceangaben

Parkplatz

Fototipp

Hunde willkommen

kinderfreundlich

schöne Lage

€–€€€ Preiskategorien

Planen – Packen – Losfahren

Hol dir den Soundtrack zum Urlaub auf **Spotify** unter **MARCO POLO Bayern**

Die besten Touren durch Bayern

MARCO POLO Digitale Extras

TOUREN-DOWNLOAD

Alle Touren aus diesem Band als gpx-Download zur einfachen Orientierung

marcopolo.de/camper-guide/bayern

Trendziele, Inspiration und aktuelle Infos findest du auf **marcopolo.de**

Du findest uns auch auf Instagram und Facebook!

PLAYLIST ZUM ROADTRIP

Den Soundtrack für deinen Urlaub gibt's auf Spotify unter MARCO POLO Bayern

Code mit Spotify-App scannen

Alle Infos zum digitalen Angebot unter **marcopolo.de/app**

Best of Campingplätze

SCHÖNER GEHT KAUM

Auf dem Campingplatz Schrottenbaummühle wiegt dich die Ilz mit sanftem Plätschern in den Schlaf

1 *Naturnaher Campingspaß für die ganze Familie*

Richtig gemütlich ist der Platz **Waldbadcamping Isny.** Er ist nicht zu groß und umgeben von hohen Bäumen, die genügend Schatten werfen, um sorglos mit den Kids im Freien zu spielen. Das Highlight ist jedoch das Waldbad mit Springbrunnen und Liegewiesen drum herum. Der Sprung ins erfrischende Nass kommt besonders im Hochsommer gut an. ▶ S. 173

2 *Der Luxuscampingplatz*

Wenn es an nichts fehlen soll, ist das **Camping Resort Allweglehen** im Berchtesgadener Nationalpark the place to be. Hier ist Luxuscamping mit Außenpool und fantastischem Bergblick angesagt, man könnte für immer bleiben. Sauna, Massage- und Beautyanwendungen gehören ebenso zum Verwöhnprogramm wie das Restaurant mit offenem Kamin. ▶ S. 71

3 FÜR FLUSSLIEBHABER UND WEINKENNER

Der Winzerort Escherndorf liegt mitten im fränkischen Weinland. Der dazugehörige **Campingplatz Mainschleife** kuschelt sich wunderbar romantisch in die Volkacher Mainschleife – hier macht der imposante Fluss einen ausladenden Bogen. Die Weinberge als Kulisse, sitzt man hier mit einem fränkischen Tropfen direkt am Ufer, streckt die Füße ins Wasser und genießt – das Leben. ▶ S. 89

4 *Für Sportskanonen*

Ob Tischtennis oder Stockschießen, Schwimmen, Bootfahren oder die Tennisanlage um die Ecke – Langeweile kommt am **Campingplatz Königsdorf am Bibisee** nicht auf. Kids toben sich am großen Kinderspielplatz mit Kletterseilpyramide aus, während die Eltern im platzeigenen Biergarten am See entspannen und sich auf das bayrische Essen freuen, das gleich vom Gasthaus serviert wird. ▶ S. 123

5 *Mit den besten Forellen*

Mitten in der Natur, zwischen Felsen und Flüssen im romantischen Ilztal nahe der Donau, liegt der **Campingplatz Schrottenbaummühle** – ein traumhafter Ort für Familien und Outdoorfans. Was ihn so einzigartig macht sind die Ruhe und die Nähe zur Natur mit tollen Stellplätzen, die in verschiedene Bereiche aufgeteilt sind. Der Zeltplatz liegt auf einer Insel mit großer Wiese – garantiert autofrei. Wer Fisch mag, ist hier genau richtig: Die fangfrischen Forellen stammen direkt aus der Ilz und werden im Gasthaus des Campingplatzes köstlich zubereitet. Abends sitzt man wildromantisch am rauschenden Fluss, das Lagerfeuer knistert und jemand hat eine Gitarre dabei. Und am nächsten Tag fischst du dir vielleicht selbst die Forelle fürs Mittagessen aus dem Fluss. ▶ S. 153

Entdecke Bayern

Du liebst Camping? Willkommen im Club! Mit dem Wohnmobil durch die herrliche Landschaft Bayerns zu cruisen ist ein Traum. Fachwerkhäuser prägen das Bild vieler Städte und Dörfer, grüne Almwiesen erstrecken sich vor schneebedeckten Berggipfeln, klare Seen an jeder Ecke und für den Campingtisch kann man sich fast überall einen Wildblumenstrauß pflücken. Wandern, radeln, Kajak fahren – Outdoor hat die Nase vorn. Schlösser, Schluchten und das Schlaraffenland aus Weißwurst, Kasspatzen und Brotzeiten machen das Gesamtpaket perfekt. Abends kannst du in Weinschänken und Biergärten den Tag Revue passieren lassen.

KOMM LIEBER MAI UND MACHE …

Endlich Frühling, endlich wieder warm. Was passt besser dazu, als ein geselliges Event, das die gute Laune schürt und die blühende Jahreszeit feiert? Das **Maibaumsetzen** ist ein alter Fruchtbarkeitsbrauch und symbolisiert die Vertreibung des Winters. In Bayern wird der Maibaum in vielen Regionen weiß-blau angemalt oder mit geschnitzten Figuren dekoriert. Dabei geht es zwischen den Dörfern auch um die Ehre: Wer den höchsten und prächtigsten Maibaum hat, erntet Anerkennung. 30 m dürfen es schon sein. Das Aufstellen der Bäume ist eine Kunst für sich. Nur Stangen, sogenannte Schwaibeln, sind als Hilfsmittel erlaubt. Wer den Baum in den Tagen vor dem Aufrichten nicht gut bewacht, läuft Gefahr, dass er vom Nachbardorf geraubt wird. Passiert das, muss er gegen Bier und eine Brotzeit wieder ausgelöst werden, worauf das Lösegeld als Friedensangebot gemeinsam vertilgt wird. Im Idealfall.

Vom Platteln und Patschen!

Im munteren Dreivierteltakt wird beim Schuhplatteln gesprungen, gehüpft und gepatscht. Beim Paartanz musste der Bursch durch Sprünge und Patscher auf Schenkel, Knie und Schuhsohlen seinem Dirndl zeigen, was er drauf hat. Auch Stampfer durften nicht fehlen. Später hat sich der Werbungstanz in einen Schautanz verwandelt, der von Heimatvereinen gepflegt wird. In Festtracht treten die Akteure sogar sogar zum Preisplatteln an.

LAUNEN DER NATUR

Was bei Föhn optimale Segelsportbedingungen bedeutet, kann andererseits zu starken Gewittern mit heftigen Sturmböen führen. So sind zur Wassersport-Saison (April–Oktober) am Chiemsee die Sturmwarnleuchten in Betrieb. Sind die Lichtsignale an, heißt es nichts wie runter vom See. Denn in etwa einer Stunde hat der Sturm hier das Sagen.

Runter vom Berg!

Wenn die Tage und Nächte im September kühl werden, ist es für die Rinder auf den Alpen Zeit, in ihre Ställe im Tal heimzukehren. Als große Herde werden sie beim Alpabtrieb von den Almen zusammen- und von Sennern, Hirten und Helfern ins Tal getrieben. Angekündigt vom Gebimmel ihrer Glocken kommen sie unten im Dorf an und werden ihren jeweiligen Bauern übergeben. Für dieses Ereignis werden die Tiere mit handgeflochtenen Blumenkränzen geschmückt, wobei das Kranzrind als Leittier der Herde meist eine riesige Blumenkrone auf dem Kopf trägt. Im Dorf findet dann das große Viehscheid-Fest mit Musik, deftigem bayrischen Essen, Bier und traditionellen Tänzen statt. Denn nicht nur die Einheimischen feiern hier.

AUF EINEN BLICK

13 Mio.
Einwohner
[Österreich 8,8 Mio.]

650
Brauereien gibt es in Bayern,
74 davon allein in der Fränkischen Schweiz

2962
Meter hoch ist die Zugspitze
[und damit der höchste Berg Deutschlands]

70 500 km²
Fläche
[20 % von Deutchland]

1901
ERHIELT DER MÜNCHNER WILHELM CONRAD RÖNTGEN DEN 1. PHYSIKNOBELPREIS

DER EINZIGE
Leucht-
turm
Bayerns steht in Lindau am Bodensee

85 g
Weißwurst haben
221 kcal

3 Dialekte
KOMMEN VON 3 STÄMMEN
Altbayern, Franken, Schwaben

mit 17
JOBBTE ALBERT EINSTEIN AUF DEM OKTOBERFEST

DER WASSERHEILER!

Der Name Sebastian Kneipp wird dir in Bayern bestimmt auffallen. Ist doch „Dr. Wasser" bundesweit bekannt für Kneippbäder. Kneipp selbst litt an Tuberkulose und empfahl seinen Patienten im 19. Jh. ein Heilmittel, um Leiden wie Cholera oder Gicht zu lindern: Wasser. Fernab der allgemeinmedizinischen Lehrmeinung und Praktiken. Und: Seine Therapien wirkten. Falls du also auf ein Kneippbad oder einen Kneippkurgarten mit Wassertretbecken triffst, nutze die Gelegenheit – auch rein prophylaktisch.

Kopfschmerzwetter

Mit dem Föhn kommt der Schmerz. Zumindest bei den Einheimischen, denn der warme Wind, der über die Alpen strömt, macht ihnen zu schaffen. Also Rücksicht nehmen, mürrische Gesichter mit einem freundlichen Lächeln aufheitern und die klare Luft genießen, die der Föhn mitbringt.

Auf die Finger, fertig, los!

Kraftsport? Aber immer! Dazu braucht es einen Lederriemen, einen Tisch, zwei Hocker, einen Schiedsrichter und zwei Kontrahenten. Beim Fingerhakeln, einem beliebten bayrischen Volkssport, wird der Verlierer regelrecht über den Tisch gezogen. Nicht nur durch Kraft, sondern vor allem mit der richtigen Technik. Die zwei Gegner sitzen sich gegenüber, haken den Mittelfinger in den Lederriemen ein und los geht's. Unter lauten Anfeuerungsrufen der Zuschauer des Wettstreits. Statt dem Mittelfinger kann je nach Lust und Laune auch jeder andere Finger eingesetzt werden, außer dem Daumen. Entstanden ist die ganze Gaudi, um früher Streitigkeiten in den Alpenländern zu schlichten bzw. zu entscheiden. Heute gehört Fingerhakeln zu jedem guten Gautrachtenfest, und es gibt Meisterschaften jeglicher Gewichtsklassen – ja, auch die Frauen lassen sich dabei ganz nach Redensart „über den Tisch ziehen" und „um den Finger wickeln".

MINIMALISTISCH

Eine Holzschindelwand, die wärmende Frühlingssonne – das kann Glück sein

Essen & Trinken

OHNE SCHNICK UND SCHNACK

Kommt fast überall auf den Tisch: die bayerische Brotzeit. Was zählt sind der Inhalt und die flüssige Begleitung

Ob Zipfel, Hendl, Gerupfter. Wammerl, Schwammerl oder Spatzen, ob resch oder zum zuzzeln – dies sind nur einige Begrifflichkeiten aus dem bayrischen Kochbuch. In den Töpfen und Pfannen geht es deftig und urig zu. Die reichhaltige Küche Bayerns samt süffigen Bieren und ausgewogenen Weinen ist weit über die Landesgrenzen hinaus bekannt. Essen und Trinken sind in Bayern mit Tradition, Geselligkeit und Brauchtum eng verwoben. Eine kulinarische Reise durch die bayrische Wirtshauskultur mit mehr als 600 Brauereien und zahlreichen Weingütern hält so manche Überraschungen bereit. „Hockdiher und lassts euch verwöhnen!"

Hopfen und Malz, Gott erhalt's!

Gut 50 % der deutschen Brauereien liegen in Bayern. Und es werden immer mehr. In den letzten Jahren entstanden einige junge, kreative Crafted-Beer-Manufakturen, die dem Gerstensaft neue Aromen und aufregende Geschmacksnuancen entlocken und mit einem peppigen Marketing den Sprung vom Biergarten und Fußballclub in schicke Restaurants schafften. Bier begibt sich auf Augenhöhe zu Wein. Mittlerweile kann man sich sogar zur Biersommelière ausbilden lassen und dem Gast im Wirtshaus beratend zur Seite stehen. Das Brauhandwerk ist im Wandel. Weg von der Massenproduktion. Hin zu kleinen, feinen Manufakturen, bei denen die Verwendung außergewöhnlicher Zutaten unter Einsatz kreativer Braumethoden im Fokus steht. Getreidesorten wie Emmer, Dinkel und Einkorn stammen von heimischen Biobauern.

WIRTSHAUSSTERBEN

In den nächsten fünf Jahren stehen 50 % der bayrischen Gasthöfe vor dem Aus. Sagen Prognosen. Bleibt zu hoffen, dass es nicht so kommt. Doch veränderte Gewohnheiten der Kundschaft, Fachkräftemangel und immer neue Auflagen an Hygiene, Brandschutz und Personal machen es den Wirten schwer. Wo früher das Herz der Gemeinde schlug und Vereine ihr Miteinander fanden, herrscht immer öfter gähnende Leere. Lieber auf ein Getränk in die Coffeebar als ins Wirtshaus Zur Post. Lieber die günstige Flasche Bier in der Umkleide des Sportvereins als ein Glas im Gasthaus. Das soziale Leben verliert an Schwung. Glücklicherweise machen in einigen Gemeinden Bewohner mobil. „Wir wollen unser Wirtshaus wieder", heißt es zum Beispiel in Günzach im Ostallgäu. Teils genossenschaftlich vereint und mit viel Herzblut werden die Wirtshäuser saniert, dann gemeinschaftlich geführt oder an Ausgewählte verpachtet.

Emmental in Bayern ...

... gibt es nicht. Aber der Emmentaler Käse wird auch in Bayern produziert und das vorwiegend im Allgäu. Die Schweizer aus dem Kanton Bern haben es schlichtweg versäumt, die geografische Herkunftsbezeichnung schützen zu lassen. Und so kann der Star unter den Käsesorten mit den legendären Löchern überall und im Emmental produziert werden. Übrigens, die Löcher entstehen durch Kohlendioxid, das die Bakterien freisetzen.

SCHNEIDEN ODER ZUZELN?

„Weißwurst muss man zuzeln", „Nein, schneiden" – ein ewiger Streitpunkt. Worauf vor allem ältere Ur-Bayern noch bestehen, gerät nun langsam aus der Tradition. Doch egal, ob mit Messer und Gabel sanft die Pelle aufgetrennt oder gekonnt gezuzelt – probieren muss man die Weißwürste auf jeden Fall. Dazu süßen Senf und a Brezn.

MENÜKARTE

Vorspeisen

Leberknödelsuppe
Hausgemachte Leberknödel in klarer Rinderkraftbrühe

Brotzeitteller
Verschiedene Wurstsorten, (roter, eingelegter) roher Schinken, Käse, Wurstsalat und Kümmerle (Gewürzgurke)

Fränkischer Gerupfter
Mit Zwiebeln, Knoblauch und Paprikapulver angemachter Camembert, dazu Schwarzbrot

Getränke

Spezi
Mixgetränk aus Cola und Orangenlimonade

Weizenbier
Hefeweizen hell oder dunkel, Weizenbier kristallklar

Wein aus Franken
Silvaner, Müller-Thurgau (weiß), Regent (rot)

Blutwurz
Kräuterschnaps aus der Wurzel heimischer Blutwurz

Hauptgerichte

Fränkisches Schäufele
Schulterstück vom Schwein mit Krautsalat, Dunkelbiersoße und Kartoffelklößen

Gebackene Schweinshax'n
Knusprige Hax'n mit hausgemachtem Sauerkraut, Biersoße und Semmelknödel

Tafelspitz vom Weiderind
Gekochte Rinderbrust mit Meerrettichsoße, Wurzelgemüse und Bouillonkartoffeln

Waller blau
Wels mit zerlassener Butter, Salzkartoffeln und Sahnemeerettich

Desserts

Ofenfrische Dampfnudel
Hefeteiggebäck mit Zwetschgenfüllung und Vanillesoße

Bayrisch Creme
Süßspeisespezialität aus Milch, Sahne, Eiern und Zucker serviert mit Waldfruchtragout und frischer Minze

Das letzte alte Bier

Im Herbst, um Kirchweih, laden Wirtshäuser zum „letzten alten Bier". Nach der Bayrischen Brauordnung von 1539 durfte Bier nur vom 29. September bis zum 23. April gebraut werden. So wurde im Sommer die höhere Brandgefahr durch die befeuerten Kessel vermieden. Dies bedeutete auch für die Wirtshäuser Vorräte in eigenen Kellern anzulegen. Ab Allerheiligen begannen die Brauereien den frischen Gerstensaft auszustoßen. Bevor die Fuhrwerke der Brauereien mit den neuen Fässern anrollten, musste Platz in den Kellern geschaffen werden. Und das Märzenbier, stark und gut lagerbar, war auch noch nicht sauer. Trinkfeste und zechfreudige Kundschaft wurde gebraucht. Findige Wirte veranstalteten ein Fest mit Musik, Tanz und herzhaften Schmankerln, um das noch genießbare, alte Märzenbier loszuwerden. Frei nach dem Motto: „S'oide Bier. Schau' ma', das mas weidabringa'n!"

Eine gute Erfindung

Die aufkommende Biergartenkultur bereitete den Wirtshäusern ernste Sorgen, denn neben Bier wurden in den schattigen Gärten auch bayrische Schmankerl serviert, bis Ludwig I. es schließlich verbot. Kein Problem. Den trinkseligen Gästen wurde einfach gestattet, ihre eigene Brotzeit mitzubringen. Bis heute ist das in Biergärten mit Selbstbedienung erlaubt. Dem König sei Dank.

KÄSE ZUM SCHLUSS

Die Münchner Stadt liegt wie bekannt,
ganz nah am schönen Alpenrand,
Dort wo am Grad die Gemse springt,
Die Sennerin frische Jodler singt,
die mit dem Rindvieh ist per Du,
Denn sie betreut die brave Kuh.
Die gibt bei frischem Alpenfutter
Die Milch zur allerbesten Butter

Autor unbekannt

SO EIN KÄSE

Gut möglich, dass du der Rohstofflieferantin für den köstlichen Käse gleich persönlich danken kannst

Trend- & Funsport

STEIL NACH OBEN

Die Fränkische Schweiz ist ein wahres Kletterparadies

Rad fahren & MTB

Wann? Radeln ist in tieferen Lagen ganzjährig möglich, für Mountainbiking im bergigen oder alpinen Gelände ist April bis Oktober die beste Zeit.

Wo? Auf dem Donauradweg immer am Fluss entlang, einmal rund um den Chiemsee oder auf anspruchsvolleren Routen durch die Fränkische Schweiz.

Wie? Mit reiner Muskelkraft oder elektronischer Unterstützung. Wer seinen Drahtesel nicht dabei hat, findet leicht Mietmöglichkeiten *(bayernbike.de)*.

Klettern

Wann? Je nach Witterung ist Klettern das ganze Jahr über möglich.

Wo? Vor allem die Fränkische Schweiz ist ein wahres Kletterparadies. Mehr als 10 000 Routen führen Anfänger wie Profis bis zum Gipfel.

Wie? Mehrstündige Grundkurse gibt es schon ab 60 €. Die Ausrüstung zum Klettern wird bereitgestellt, z. B. von Frischluft Outdoor | Sollenberg 25 | Gräfenberg | Tel. +49 9192 99 30 70 | *frischluft-outdoor.de*.

Paragliding

Wann? Ganzjährig werden Tandemflüge mit einem erfahrenen Piloten angeboten. Im Frühjahr erlaubt die Thermik besonders lange Flugzeiten.

Wo? Ein wahres Fliegereldorado ist die Allgäuer Bergwelt. Die thermischen Gegebenheiten sind hier optimal und die Aussicht von oben grandios.

Wie? In der Region gibt es zahlreiche Anbieter, die auch die Ausrüstung bereitstellen. Die Preise für das himmlische Vergnügen beginnen bei 149 €. Ein 4-tägiger Grundkurs kostet 380 €.

Anbieter? Schwerelos Tandemflüge | Dorfstr. 16 | Blaichach | Tel. +49 176 61 56 71 49 | *schwerelos-tandemflüge.de;* Flugschule Markus Milz | Salzweg 37 | Sonthofen | Tel. +49 8321 93 28 | *flugschule-milz.de*

Rafting & Canyoning

Wann? Die Übergangsjahreszeiten bieten für den wilden Sport die besten Grundlagen, da die Flüsse und Bäche gut Wasser führen und die Temperaturen annehmbar sind.

Wo? Die geografische Lage und der Wasserreichtum ermöglichen in einigen Regionen Bayerns auch außergewöhnliche Wassersportarten. Das Allgäu und Oberbayern eignen sich besonders für Rafting und Canyoning.

Wie? Beide Sportarten sind nur als geführte Tour machbar, die Kenntnisse der Profiguides unverzichtbar. Sicherheit hat auch hier oberste Priorität. Das Equipment für das spritzige Abenteuer wird bereitgestellt.

Anbieter? Josef Posch Outdoor Centre | Baumgarten 1 | Schneizelreuth | Tel. +49 8651 22 33 | *echt-posch.de*

ABHEBEN

Aus der Vogelperspektive die Schönheit der bayerische Seenlandschaft bestaunen – ein Tandemflug macht's möglich

Die besten Touren durch Bayern

BERGE, SEEN, STÄDTE

In Bayern findest du fast alles, nur keine monotonen Landschaften

Alle Touren im Überblick

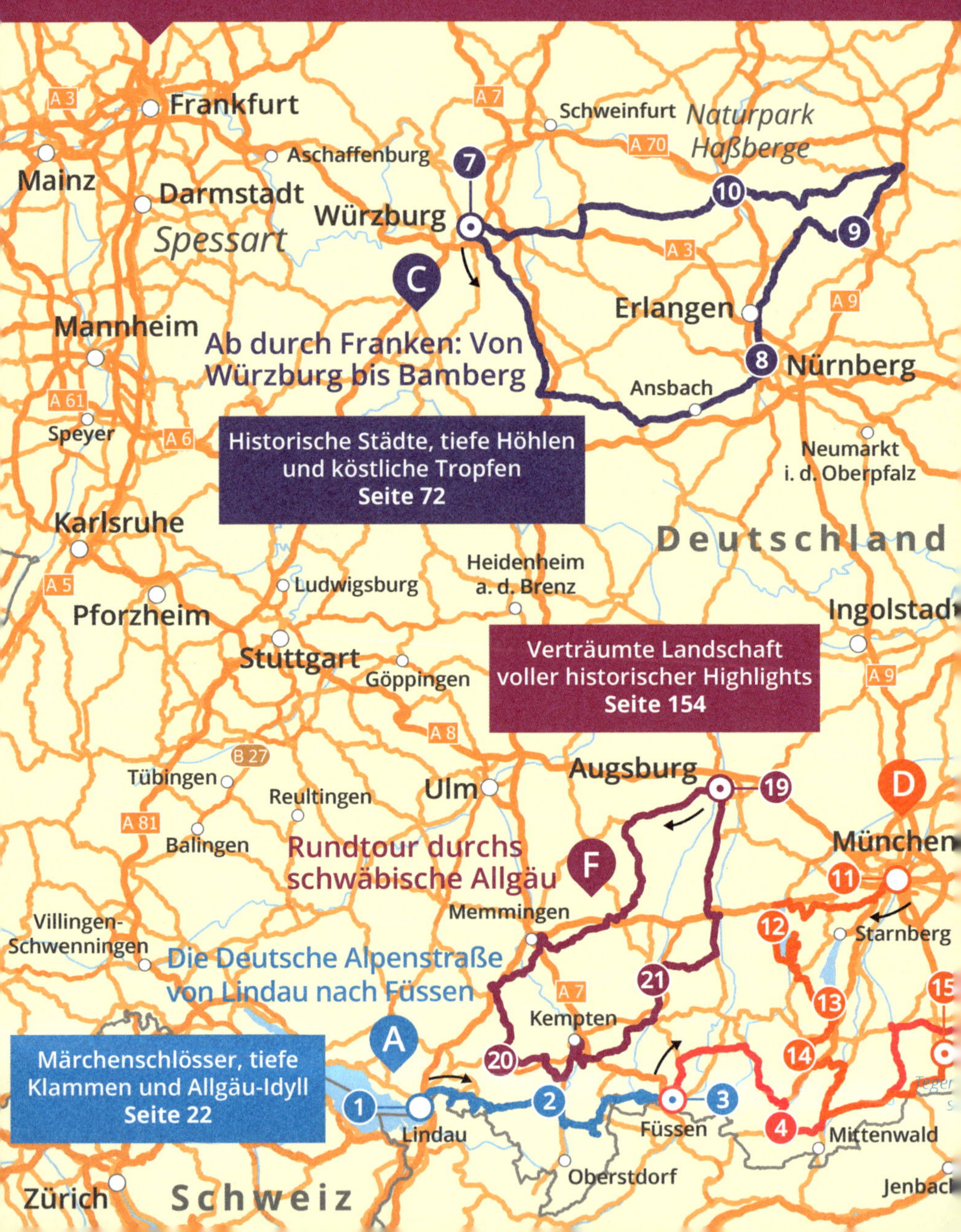

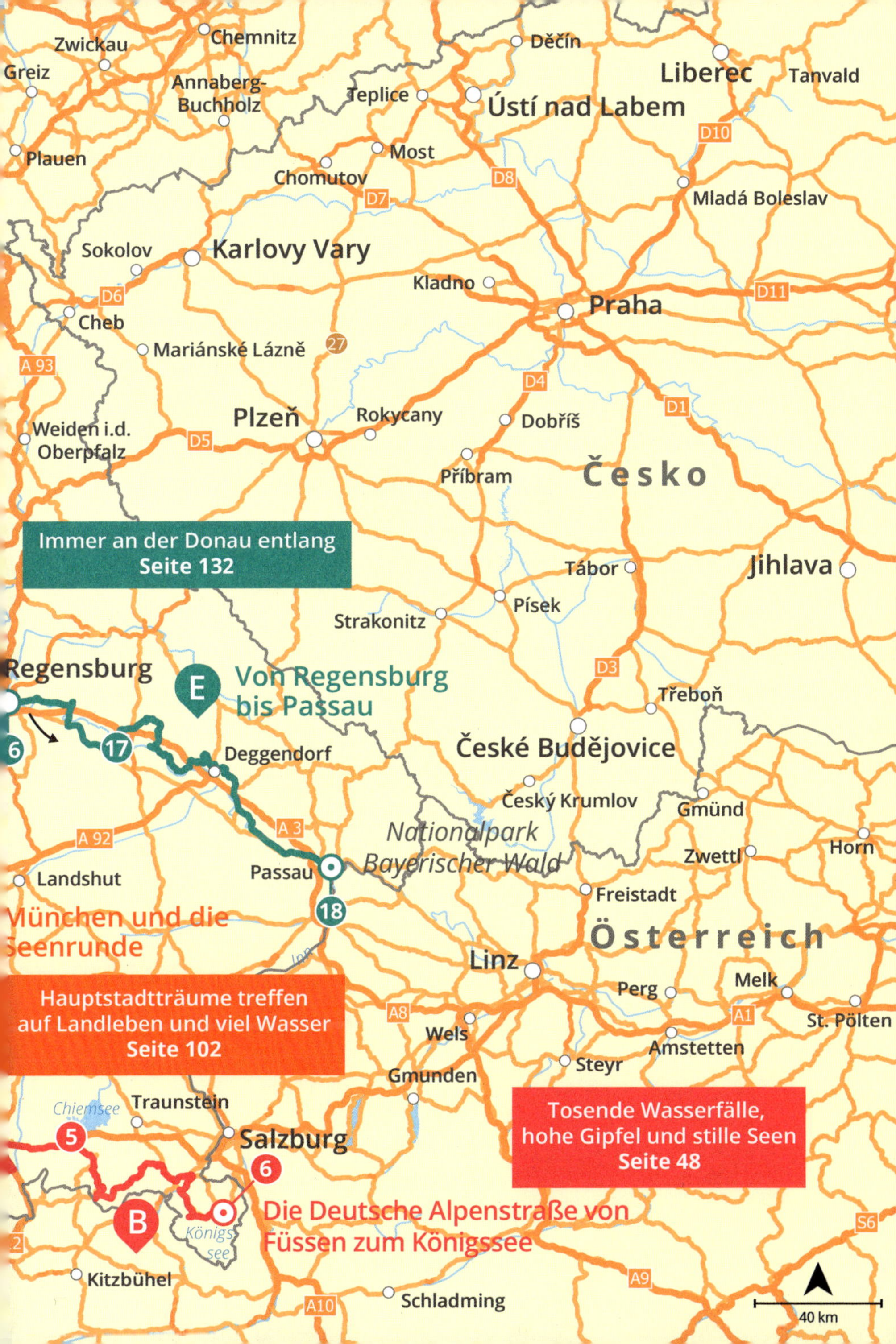

Zwickau
Chemnitz
Greiz
Annaberg-Buchholz
Děčín
Liberec
Tanvald
Teplice
Ústí nad Labem
Plauen
Most
Chomutov
Mladá Boleslav
Sokolov
Karlovy Vary
Kladno
Cheb
Praha
Mariánské Lázně
Plzeň
Rokycany
Dobříš
Weiden i.d. Oberpfalz
Příbram
Česko
Immer an der Donau entlang
Seite 132
Tábor
Jihlava
Písek
Strakonitz
Regensburg
Von Regensburg bis Passau
Třeboň
Deggendorf
České Budějovice
Český Krumlov
Gmünd
Nationalpark Bayerischer Wald
Horn
Zwettl
Landshut
Passau
Freistadt
München und die Seenrunde
Österreich
Linz
Melk
Perg
Hauptstadtträume treffen auf Landleben und viel Wasser
Seite 102
St. Pölten
Wels
Amstetten
Steyr
Gmunden
Chiemsee
Traunstein
Tosende Wasserfälle, hohe Gipfel und stille Seen
Seite 48
Salzburg
Die Deutsche Alpenstraße von Füssen zum Königssee
Königssee
Kitzbühel
Schladming
40 km

STETER TROPFEN

Über Jahrmillionen hat sich die Breitach in den Fels gefräst. Das Resultat könnt ihr heute bequem in einem halben Tag bewundern

Märchenschlösser, tiefe Klammen und Allgäu-Idyll **Die Deutsche Alpenstraße von Lindau nach Füssen**

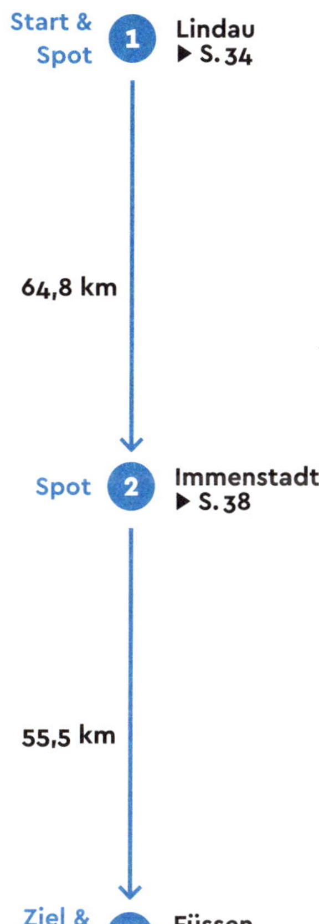

Es ist Balsam für die Seele: In den Allgäuer Alpen ticken die Uhren anders. Und die Menschen. Ein freundliches „Griaß di God", und man fühlt sich willkommen. In Lindau am Bodensee genießt du beinahe Mittelmeerfeeling, in der Natur um Immenstadt ist das Gebimmel der Kuhglocken die musikalische Begleitung für den Tag, den du auf blühenden Almen, an rauschenden Gebirgsbächen und in romantischen Dörfern verbringst. Rund um Füssen reist du in die Zeit der Bayernkönige zurück – die Alpengipfel immer vor Augen.

Strecke 120,3 km

Reine Fahrzeit 2 Std. 30 Min.

Streckenprofil Gut geteerte, oft kurvenreiche Straßen, besonders am Oberjochpass und hinter den Scheidegger Wasserfällen. Die Seitenstraßen in die Dörfer und Täler abseits der Alpenstraße sind meist schmal, aber in gutem Zustand.

Empfohlene Dauer 5–6 Tage

Anschlusstouren

B F

FACTS

Tour A im Überblick

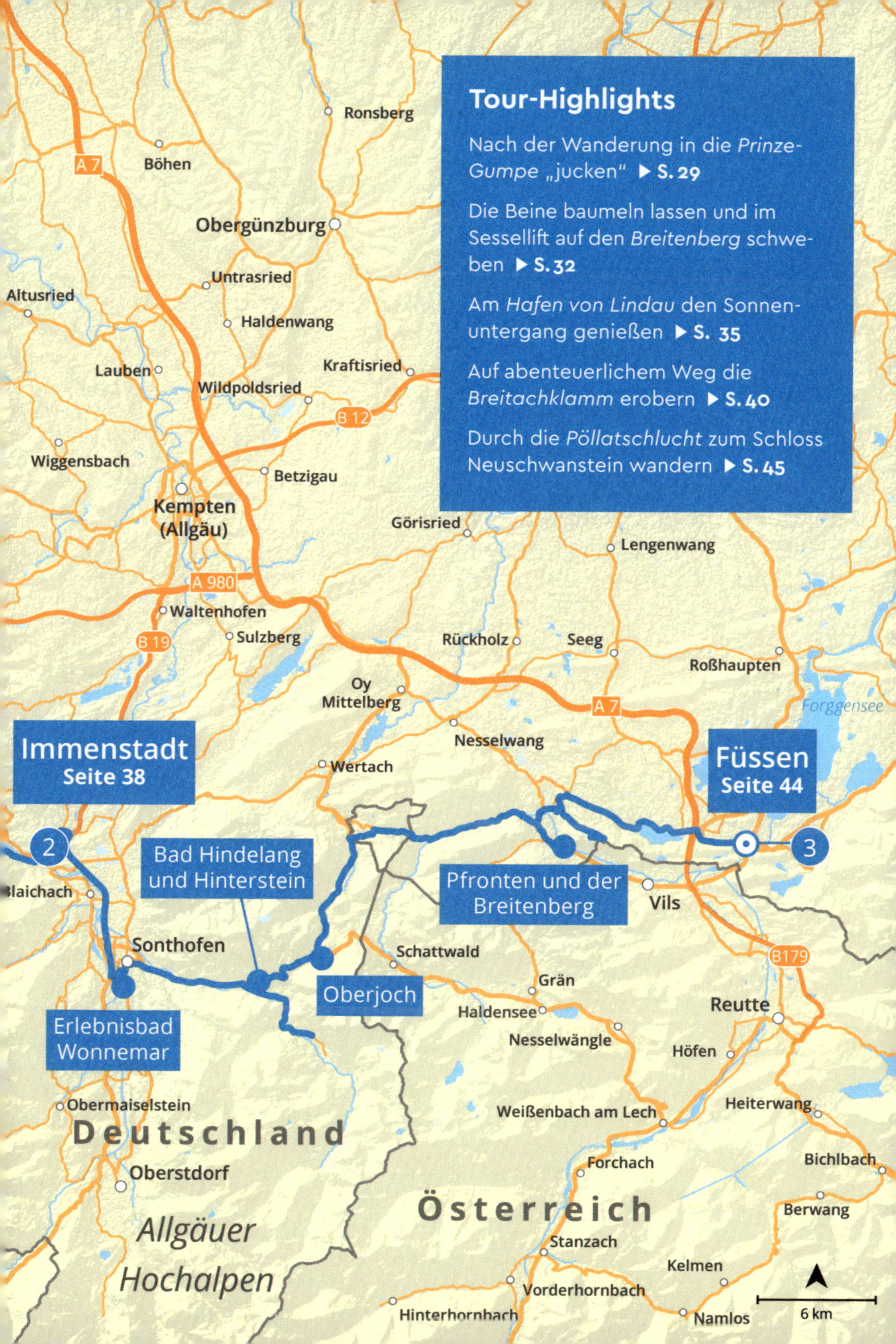
Tour-Highlights
Nach der Wanderung in die Prinze-Gumpe „jucken" ▶ S. 29
Die Beine baumeln lassen und im Sessellift auf den Breitenberg schweben ▶ S. 32
Am Hafen von Lindau den Sonnenuntergang genießen ▶ S. 35
Auf abenteuerlichem Weg die Breitachklamm erobern ▶ S. 40
Durch die Pöllatschlucht zum Schloss Neuschwanstein wandern ▶ S. 45
Immenstadt
Seite 38
Füssen
Seite 44
Bad Hindelang und Hinterstein
Pfronten und der Breitenberg
Oberjoch
Erlebnisbad Wonnemar
Ronsberg
Böhen
Obergünzburg
Untrasried
Altusried
Haldenwang
Lauben
Kraftisried
Wildpoldsried
Wiggensbach
Betzigau
Kempten (Allgäu)
Görisried
Lengenwang
Waltenhofen
Sulzberg
Rückholz
Seeg
Roßhaupten
Oy Mittelberg
Forggensee
Nesselwang
Wertach
Blaichach
Vils
Sonthofen
Schattwald
Grän
Haldensee
Reutte
Nesselwängle
Höfen
Obermaiselstein
Heiterwang
Weißenbach am Lech
Deutschland
Forchach
Bichlbach
Oberstdorf
Österreich
Berwang
Allgäuer Hochalpen
Stanzach
Kelmen
Vorderhornbach
Hinterhornbach
Namlos
A 7
B 12
A 980
B 19
B179
6 km

Tourenverlauf

Start & Spot 1

Lindau
Eine Insel im Bodensee ▶ **S. 34**

18,5 km Über die Schnellstraße B308, die kurz vor Scheidegg extrem kurvig wird, erreichst du den ersten, spritzigen Zwischenstopp. Die Parkplätze (s. u.) zu den Scheidegger Wasserfällen sind übersichtlich ausgeschildert.

Die Scheidegger Wasserfälle am Ende der Rohrachschlucht

Wildromantisch bahnt sich der Rickenbach seinen Weg durch die geschützte, unzugängliche Rohrachschlucht und bildet die Grenze zu Österreich. Am Ende der Schlucht stürzt der Bach über mächtige Gesteinsstufen aus 40 m Höhe in die Tiefe und gräbt sich weiter durch das Gestein. Von mehreren Plattformen kann man das Spektakel beobachten und hören. Viele Treppen führen hinunter zu einem von insgesamt drei Wasserfällen – imposant die hohen, moosbewachsenen Felswände! Kinder haben mächtig viel Spaß am neu gebauten Wasserspielplatz, der Imbiss hat Eis und Getränke.

i *tgl. 9–19 Uhr | 2 €, Kinder 1,50 € | Fürstenmühle 1 | Scheidegg | scheidegg.de*

P *Parkplatz 1 Ostkinberg 1961/2 liegt direkt am Eingang, P2 (GPS: 47.592190, 9.846271) ein Stück weiter weg an der B308.*

6,3 km Am Ortseingang von Scheidegg nimmst du am Kreisverkehr die erste Ausfahrt Richtung Zentrum und bleibst die nächsten 6,3 km auf dieser Route. Wer noch mehr Lust auf Wasserfallspektakel hat, kann einen kurzen Stopp beim **Hasenreuter Wasserfall** (ausgeschildert) einlegen, bevor es zum Skywalk Allgäu geht.

Skywalk Allgäu Naturerlebnispark

Wenn ihr Natur – vor allem mit Kindern im Gepäck – ein bisschen anders erleben möchtet, habt ihr hier eine ideale Gelegenheit dazu. Mit einem Naturerlebnispfad, dem bis zu 40 m hohen Baumwipfelpfad, einem Barfußpfad für die Sinne sowie dem Abenteuerspielplatz kommt garantiert keine Langeweile auf. Im familienfreundlichen Restaurant schmecken neben Klassikern wie Schnitzel und Currywurst auch gesunde Sachen wie Salate, Käsespätzle und Brotzeiten.

i tgl. 10–18 Uhr | Hauptsaison April–Nov. 11,50 €, Kinder (ab 1 m Größe) 8,90 €, Familien 38 €, in der Nebensaison günstiger | Oberschwenden 25 | Scheidegg | skywalk-allgaeu.de

10 km Zum nächsten Ziel fahrt ihr nicht auf die B308 zurück, sondern in Scheidegg am großen Zentrumsparkplatz rechts auf die Blasenbergstraße und dann 10 km immer geradeaus, Scheidegg verlassend, über Bremenried bis nach Weiler-Simmerberg.

Wanderung durch die Hausbachklamm bei Weiler

Vom Parkplatz in **Vorderschweinhöf,** einem Ortsteil von Weiler, führt ein romantischer, etwa 5 km langer Wanderweg über kleine Holzstege immer parallel zum anfangs noch ruhig plätschernden Hausbach in die Hausbachschlucht. An ihrem Ende, kurz vor Weiler, wird der Bach dann immer rauschender und die Felsformationen, sogenannte **Gumpen,** sind wunderbar ausgespült. An kleinen, flachen Badestellen kann man sich herrlich erfrischen. Nach etwa zwei Stunden ist Weiler erreicht. Im Café der **Konditorei Mangold** *(Mi–Mo 8–18 Uhr)* kann man bei Mandel-Kirsch-Torte oder Kaiserschmarrn wieder zu Kräften kommen, bevor es zurück zum Parkplatz geht.

STILLE WASSER

Aus dem sanft dahinplätschernden Hausbach wird bald ein rauschendes Wildwasser, das etliche Gumpen speist. Badezeug einpacken!

Gehzeit 1,5–2 Std., alternativ könnt ihr von der Schule in Weiler mit dem Bus 181 Richtung Oberreute zurückfahren (Haltestelle Vorderschweinhöf). Der Bus fährt aber nur Mo–Fr 4 x tgl., Fahrplan unter landkreis-lindau.de.

P *Parkplatz im Ortsteil Vorderschweinhöf (GPS: 47.548120, 9.925462)*

30 km Von der Hausbachklamm ist ruckzuck die B308 erreicht. Dieser folgt ihr, oft mit weiter Sicht in die grüne Voralpenlandschaft, über Oberstaufen zum nächsten Spot.

Spot 2

Immenstadt

Berge, Pisten und Almwiesen im Allgäu-Idyll ▶ S. 38

18 km Über die Iller hinweg geht es auf der B308 über Sonthofen nach Bad Hindelang. Rechts und links grasen die Alpenkühe auf grünen Wiesen. Nicht nur bei Regenwetter lohnt unterwegs noch ein Zwischenstopp im Spaßbad Wonnemar in Sonthofen.

Erlebnisbad Wonnemar

In Sonthofen gibt es ein Freizeitbad, das seinem Namen alle Ehre macht: Wonne am Meer. So fühlt es sich zumindest an. Wellenbad, Außenpool mit Sprudelmassagen und Liegebänken, Ruhebereich mit tropischen

Pflanzen und ein großer Kinderbereich sorgen für jede Menge Abwechslung. Nicht zu vergessen die verschiedenen Rutschen und der Strudel. Besonders beliebt ist die Reifenrutsche, sie sorgt für viel Gaudi. Wer sich dem Wellnessvergnügen hingeben will, kann in der Sauna entspannen. Ein Tag im Wonnemar – vor allem bei Regenwetter eine super Idee.

i *Stadionweg 5 | Sonthofen | wonnemar.de*

Bad Hindelang und Hinterstein

Gemütliche Alpenhäuser kuscheln sich zwischen Almen und Berge, die Wolken hängen tief, es ist angenehm frisch. Bad Hindelang liegt an der historischen Salzstraße und ist nicht nur Kurort, sondern auch Kneippheilbad. Schon allein die reine Luft und die Ruhe der Berge haben einen Erholungseffekt.

Prinze-Gumpe
Noch gesünder wird's bei einem Bad in der Prinze-Gumpe im Kneippkurgarten im 7 km entfernten Ortsteil **Hinterstein.** In diesem Naturbad, in das sich der gut sichtbare Zipfelsbachwasserfall ergießt, hat schon Kronprinz Luitpold „gejuckt" – so nennt man im Allgäu den Sprung ins kalte Wasser. Im angeschlossenen Wirtshaus unbedingt den leckeren Kaiserschmarrn probieren.

i *Kneippkurgarten inkl. Naturbad Prinze-Gumpe | im Sommer tgl. geöffnet | Eintritt einschl. Naturbad frei | Auf dem Buck 6 | Bad Hindelang, OT Hinterstein*

P *Parken könnt ihr 4 Std. kostenfrei gleich an der Gumpe (GPS: 47,4803257, 10,4073472).*

Traumhafte Wanderung zur Zipfelsalpe
Die Wanderung beginnt gleich hinter der Prinze-Gumpe – anstrengend, aber wunderschön. 600 Höhenmeter müsst ihr überwinden, dafür geht ein Großteil des Weges am **Zipfelsbachwasserfall** entlang, der die Prinze-Gumpe speist. Während es auf dem sehr schmalen, steinigen und wurzeligen Pfad stetig bergauf geht, kommt ihr dem Wasserfall immer wieder sehr nahe. Von einer Brücke könnt ihr tolle Fotos davon machen. Nach etwa einer Stunde verlasst ihr den Wald und seht bald schon in der Ferne die Zipfelsalpe liegen. Trotzdem ist es noch etwa eine Stunde Marsch, bis ihr da seid. Und dann: Willkommen auf 1526 m Höhe. Bei einer redlich verdienten Brotzeit könnt ihr von der Alpe den

Blick zum Iselergipfel und über die Almwiesen genießen. Wieder fit? Dann geht es auf einer anderen Route, die von der Alpe direkt ins Tal führt, zurück. Auch dieser Weg ist steinig und schmal, dafür bieten sich immer wieder spektakuläre Blicke auf Hinterstein. Schließlich ereicht ihr wieder die Gumpe. Abkühlung gefällig? Dann nichts wie rein ins kühle Wasser des Zipfelbachfalls.

i *Zipfelsalpe | Mai–Okt. tgl. 11–18 Uhr | buckwinkel-hüs.de | von Bad Hindelang Bus 49 regelmäßig nach Hinterstein und zurück*

P *Parken kannst du bei der Prinze-Gumpe (s. o.). An Wochenenden und bei gutem Wetter könnten die Plätze allerdings belegt sein.*

Zur Murmeltierwiese wandern
Wer gern einmal Murmeltiere beobachten will, kann zur Murmeltierwiese 3 km oberhalb vom **Berggasthof Giebelhaus** Richtung Bärgündele Alpe wandern. Kopf hoch, Kopf runter. Mit etwas Glück erspähst du schon welche auf der Wiese kurz nach dem Täschelewasserfall. Die lustigen Mümmler sind immer auf der Hut. Ertönt ein hohes Pfeifen, haben sie dich wohl entdeckt und warnen ihre Kumpels vor deinem Kommen.

i *Giebelstr. 100 | Bad Hindelang, Ortsteil Hinterstein*

Mit Bus 49 kommt ihr von Bad Hindelang nach Hinterstein. Von hier fährt ein Bus im Stundentakt zu Giebelhaus. Wer die Gästekarte Bad Hindelang Plus besitzt, fährt gratis.

Erlebnisweihnachtsmarkt
Der Markt, der sich durch ganz Bad Hindelang zieht, ist ein Highlight im Winter. Alles, was Rang und Namen hat, trifft man hier live: Engel und Winterfeen, Wichtel und Nussknacker, das Christkind und Märchengestalten. Jeden Freitag- und Sonntagabend ziehen sie in einem Umzug durch das Weihnachtsdorf. Die romantisch beleuchteten Häuser und Hütten sind sagenhaft. Genießen und wieder Kind sein.

i *tgl. von Ende Nov.–Mitte Dez. | Mo–Do 5 €, Fr, So 10 €, Sa 8 €, Kinder bis 12 Jahre Eintritt frei | Marktstr./Poststr. | Bad Hindelang | hindelanger-weihnachtsmarkt.de*

P *Ein kostenfreier Parkplatz (1 Std.) befindet sich am Busbahnhof.*

7 km | Die Route nach Oberjoch führt über die kurvenreichste Straße Deutschlands. In 107 Kurven windet sich die Straße über den 1178 m

hohen **Oberjochpass.** Vom Aussichtspunkt Kanzel lohnt ein Blick zurück auf den Pass – beeindruckend!

Oberjoch

In einem der höchstgelegenen Bergdörfer Deutschlands bringt euch die **Iselerbahn** *(tgl. 9–16.30 Uhr, Passstr. 44| Bad Hindelang, OT Oberjoch)* in gut fünf Minuten von der Talstation zur Bergstation auf dem **Iseler,** dem Hausberg von Oberjoch. Von hier führt ein Wanderweg zum Iselergipfel – wow, dieser Blick! Bei gutem Wetter reicht er bis zur Zugspitze und sogar bis zum Säntis in der Schweiz. Zur Abwechslung Lust auf ein besonderes Badeerlebnis? Im Sommer ist das Kematsried-Moos nicht nur zum Spazieren schön, sondern auch zum Planschen im **Hochmoorschwimmbad Oberjoch** *(tgl. 9–17 Uhr |Eintritt frei |Passstr. 51 | Bad Hindelang, OT Oberjoch).* Durch die Aufheizwirkung des Moorbodens hat das Naturbad trotz der hohen Lage eine angenehme Wassertemperatur von über 20 °C.

P *Gegenüber der Talstation der Iselerbahn ist ein großer Parkplatz.*

Die Beine ausgestreckt im Moorwasser, Wolken und Bäume spiegeln sich darin – ein Foto, das mehr sagt, als tausend Worte.

18 km Am Kreisverkehr in Oberjoch fahrt ihr geradeaus auf die B310. Achtung: Hinter dem Hotel Pfeiffermühle in Wertach geht es rechts ab

WANDERFREUDEN

Welche ist größer: Gipfelsturm oder Einkehr in die Berghütte?

und vier kurvenreiche Kilometer durch Österreich, bis auf derselben Straße durch hügelige Waldlandschaft und immer parallel zum Flüschen Vils das nächste Ziel erreicht ist.

Pfronten und der Breitenberg

Schon mal was von einer Klapprad-WM gehört? Nein? Fragt man die Einwohner in Pfronten danach, antworten sie mit „A Mordsgaudi". Denn mitten im Juni geht es mit Original-Klapprädern aus den 1970er- und 80er-Jahren den Breitenberg hinauf. Der Dresscode: möglichst crazy. Und so heizen Superman und Batman um die Wette auf den gut 1800 m hohen Gipfel. Die Luft da oben: frisch und gesund. Nicht umsonst trägt Pfronten das Prädikat Luftkurort. Die Alpenwinde und das Bergpanorama ziehen auch viele Gleitschirmflieger an. Ob Tandemsprung, Gleitschirmkurs oder gleich der Ostallgäu-Cup: Wer gleitend fliegen will, ist in diesem Landschaftsidyll genau richtig.

Anders geht auch: durch die Reichenbachklamm kraxeln
Doch keine Bange: Wer weder mit Klapprad noch mit Gleitschirm auf den Breitenberg möchte, kann hinaufwandern. Am besten mit Start an der Talstation **Breitenbergbahn** *(tgl. 9–17 Uhr, im Winter bis 16.30 Uhr | einfache Fahrt 14 € | Tiroler Str. 176 | Pfrontenbreiten | bergbahn.de)* und dann durch die wildromantische Reichenbachklamm kraxeln.

Nach 6 km Anstieg kommt oben die Erfrischung im **Berghaus Allgäu** *(tgl. 10–18 Uhr | berghaus-allgaeu.de)* gerade recht. Von hier schwebt die Seilbahn in 10 Min. wieder ins Tal. Wer bis auf den **Gipfel** will, gondelt ihm entspannt mit dem Sessellift der Hochalpbahn entgegen. Das letzte Stück nochmal zu Fuß. Geschafft.

P *am Bahnhof Pfronten-Steinach, vis-à-vis Talstation Breitenbergbahn*

Auf dem Ritterspielplatz in Pfronten mit Burgturm, Hängebrücke und Ritterkampfplatz ist man mittendrin im Mittelalter. Wunderbar für Kinder (GPS: 47.581871, 10.564688)!

Ruine Falkenstein: Des Königs neuer Traum

Willkommen auf 1268 m Höhe und der höchstgelegenen Burgruine Deutschlands. Kein geringerer als der emsige Schlösserbauherr König Ludwig II. wollte hier oben eine Raubritterburg haben, koste es, was es wolle. Doch die Entwürfe blieben ein Traum – Ludwig ertrank vor Baubeginn im Starnberger See. Spektakulär ist deshalb vor allem die Aussicht mit Blick bis hin zu Ludwigs Märchenschloss Neuschwanstein. Im edlen Burghotel kann man königlich tafeln zu moderaten Preisen.

i *tgl. 6–20, Restaurant tgl. 11.30–21 Uhr | Eintritt frei | Pfronten | burghotel-falkenstein.de |. Bei Anfahrt über Mellinger Straße und König-Ludwig-Weg kann man auf einer Privatstraße für 4 € fast bis zur Burgruine hochfahren. Da die Straße nur breit genug für ein Fahrzeug ist, wird die Zufahrt per Ampel geregelt.*

P *Beim Parkplatz am Bahnhof Pfronten-Steinach beginnt der Südaufstieg zur Burg (ca. 1 Std.).*

Die Königstraum-Wanderung ist eine 18-km-Rundtour mit Start und Ziel am Haus des Gastes (Vilstalstr. 2 | Pfronten-Ried). Wunderschöne Panoramen und eine geballte Ladung Geschichte erwarten dich.

12,5 km | Zurück auf der B310 ist Füssen schnell erreicht. Die Strecke führt vorbei am Weißensee – Augen nach rechts!

Füssen

Schlösserhopping durch Eiszeitlandschaft ▸ **S. 44**

Lindau
Eine Insel im Bodensee

Eine Stadt auf einer Insel ist eine tolle Sache. Lindau lässt es diesbezüglich richtig krachen. Mitten im Bodensee erheben sich mehrere Türme, enge Kopfsteinpflaster-Gassen verirren sich rund um das prächtig bunt bemalte Rathaus und es gibt sogar einen Bahnhof mit acht Gleisen! Vom Yachthafen, dessen Eingang von einer riesigen Skulptur des Bayrischen Löwen bewacht wird, ist der Blick zurück auf die Altstadt fantastisch. Und in der Ferne glitzert die Kulisse der Alpengipfel. Getoppt werden kann das Ganze nur noch durch einen magischen Sonnenuntergang.

P *Wohnmobile und Wohnwagen sind auf der Insel nicht erlaubt. Kein Problem, denn gut steht man auf dem Parkplatz Eichwald,auch über Nacht (Eichwaldstraße 16–20 | Lindau | Tagesticket 7€, 20–8 Uhr kostenlos). Von hier sind es nur 100 m zum See und mit dem Fahrrad seid ihr in 10 Minuten auf der Insel.*

SPALIER FÜR SCHIFFE

In Lindau bewachen gleich zwei Wahrzeichen die Hafeneinfahrt: ein Leuchtturm und der Bayerische Löwe

AKTIVITÄTEN & SIGHTSEEING

1 GPS-Check an der Löwenmole

Bei einem Bummel entlang der Löwenmole kannst du nicht nur bis ans Ende des Kais zur Skulptur des **Bayrischen Löwen** laufen und dabei die Ausflugsschiffe beobachten, sondern auch testen, ob das GPS an deinem Smartphone genau funktioniert. Am Beginn der Mole befindet sich zum Überprüfen von GPS-Empfängern ein **Geodätischer Referenzpunkt**, die es in ganz Deutschland verteilt gibt: einfach das Smartphone auf die Markierung legen und deine Google-Maps-Koordinaten mit denen am Kontrollpunkt vergleichen. Passen die Zahlen? Glückwunsch – das GPS deines Smartphones funktioniert einwandfrei!

2 Vom Leuchtturm in den Bodensee spucken

Der neue Leuchtturm ist neben dem Löwendenkmal das Wahrzeichen von Lindau und macht die Hafeneinfahrt zur schönsten am ganzen Bodensee, an dem auch die Schweiz und Österreich kleine Anteile haben. Er ist mit 536 km² Fläche der größte See Deutschlands und der drittgrößte in Mitteleuropa. Vom 36 m hohen Turm breitet sich die Kulisse mit Lindau, dem See und den Bergen in ihrer ganzen Pracht aus. ***Infos:*** *tgl. 11–18 Uhr | 2,20 €, Kinder 0,80 € | Hafenplatz*

3 Staunen am Alten Rathaus

Wow, das ist doch mal ein Rathaus! Ursprünglich gotisch erbaut, wurde es in der Renaissance mit einem beeindruckenden **Treppengiebel** verschönert – der Aufwand hat sich gelohnt! Von beiden Ansichtsseiten ist es aufwendig verziert mit knalligen **Gemälden,** die die Lindauer Geschichte erzählen. Der Prachtbau kuschelt sich ein in enge Gassen aus Bürger- und Handwerkerhäusern aus dem 16. und 17. Jh. mit Laubengängen, putzigen Gauben, geschnitzten Fenstersäulen, Erkern und Fachwerkfassaden. Die Fußgängerzone rund um das Rathaus war früher Sitz der Zünfte und das Zentrum des Handels, was sich heute noch in Straßennamen wie Salz- und Bürstergasse widerspiegelt. ***Infos:*** *tgl. 10–18, So 10–13 Uhr | Bismarckplatz 4*

REGENTAG – UND NUN?

4 Zum Schmökern ins Café Augustin

Den lieben langen Tag regnet es und du willst eins doch schon seit Ewigkeiten mal wieder tun: in Ruhe ein Buch lesen. Im Café Augustin kannst du das. Ein Ort an dem man die Zeit vergisst. Zwischen Büchertürmen, muckeligen Leselampen, Kerzenschein und Omasofas findest du dein Lieblingsplätzchen und kannst dich ganz nebenbei noch mit kleinen Tagesgerichten, Milchcafé und Kuchen verwöhnen. Hoffentlich regnet es lange! ***Infos:*** *tgl. 10–24 Uhr | Fischergasse 33 | altemoellersche.de/augustin*

5 Baden wie anno dazumal

Direkt neben dem Hafen liegt das historische **Aeschacher Bad,** eine auf Pfählen stehende Steganlage im Bodensee. Das 1911 erbaute Bad bietet nostalgischen Badespaß. Allzu knappe Bademode verbietet sich und das Sonnen oben ohne ist nur im Liegen gestattet. Am kleinen Kiosk gibt's kühle Getränke, Eis und Snacks. ***Infos:*** *Mo–Sa 10–18, So 10–13 Uhr | Lotzbeckweg 3 | lindau.de*

ESSEN & TRINKEN

6 Gemütlich und gesund

Das blaue Eckhaus in der Altstadt ist beliebt. Das liegt nicht nur am freundlichen Team des **Café Großstadt,** sondern am genialen Essen: frisch, vegetarisch und vegan. Die Bagel-Burger sind megalecker. Dazu ein haussgemachter Eistee und veganer Apfelstrudel zum Nachtisch – köstlich! ***Infos:*** *Mi–So 16–23 Uhr | In der Grub 27 | Tel. +49 8382 5 04 29 98 | grossstadt-lindau.de | €*

7 In die offene Küche schauen

Kreativ präsentiert sich die Küche im **Restaurant Valentin,** mit dem Fokus auf regional und nachhaltig. Fisch, und Vegetarisches werden in sinnlichem Ambiente serviert. Auf der rauchfreien Terrasse unter dem riesigen Walnussbaum blickst du durch ein Schaufenster direkt in die Küche. ***Infos:*** *tgl. 13–1 Uhr | In der Grub 28 a |++ Tel. +49 8382 5 04 37 40 | valentin-lindau.de | €€€*

EINKAUFEN

8 Handeln mit Handgefertigtem

Auf kleinstem Platz werden die handgefertigten Produkte des 10-köpfigen Teams der **Handlung** angeboten. Seit 2015 funktioniert das Konzept: ob modi-

ZWEITE REIHE

Im Park Camping Lindau wird man auch in der zweiten Reihe glücklich

sche Accessoires, Schmuck, wunderschöne Kuscheltiere oder Keramik – hier findet man immer etwas. ***Infos:*** *Di–Fr 11–18, Sa 10–13.30 Uhr | Fischergasse 4 | diehandlung.com*

9 Was das Bioherz begehrt

Seit über 40 Jahren gibt es im **Naturell Biomarkt** Obst, Gemüse, Backwaren, Wein, Schokolade, Naturkosmetik und vieles mehr. Alles ist ansprechend präsentiert und die nette Inhaberin erklärt gern ihre vielfältigen Produkte. ***Infos:*** *Mo–Fr 9–13, 14.30–18, Sa 9–13.30 Uhr | Fischergasse 1 | echt-bio.de*

STELL- & CAMPINGPLÄTZE

10 Klein & familiär

Super gepflegte Anlage am Bodenseeufer mit Strandzugang und großen Wiesenstellplätzen. Sehr nette Betreiberfamilie. Im nahen Wasserburg findet man Bäcker, Fleischer und Restaurants. Ein tolles Freibad ist gleich nebenan. 15 Min. per ÖPNV ins 5 km entfernte Lindau. Mindestaufenthalt: 3 Nächte.

Camping Eschbach

€€ | Höhenstr. 16 | 88142 Wasserburg
Tel. +49 8382 88 77 15 | camping-eschbach.de
GPS: 47.568764, 9.638946

▶ **Größe:** ***52 Stellplätze***

11 Mit viel Komfort am schwäbischen Meer

Riesiger Campingplatz mit hohen Bäumen und Strandzugang im **Landschaftsschutzgebiet Bayerisches Bodenseeufer** mit seltenen Pflanzen und vielfältiger Vogelwelt. Hier kannst du vom Womo direkt in den Bodensee springen. Tiptop Sanitäranlagen, kleiner Laden mit allem Notwendigen, **Restaurant Strandhaus** am Eingang. Mit Kinderbetreuung, Billard- und Flipper-Raum für Jugendliche. Schöner, 5 km langer Fußweg zur Insel Lindau.

Park Camping Lindau am See

€€ | Fraunhoferstr. 20 | 88131 Lindau
Tel. +49 8382 7 22 36 | park-camping.de
GPS: 47.53781, 9.731062

▶ **Größe:** ***288 Stellplätze mit Kiesuntergrund auf 2 großen Zeltwiesen, 10 Stellplätze für Durchreisende. Wassernah frühzeitig reservieren!***

Immenstadt

Berge, Pisten und Almwiesen im Allgäu-Idyll

Nach Immenstadt kommt man wegen der Natur. Die älteste Stadt im Oberallgäu (14 000 Ew.) ist das wirtschaftliche Zentrum der Region. Drum herum: Wälder und Almen, Gipfel und Klammen, Skipisten, Hütten und Bergbahnen. Hier, am Alpsee, ist man mitten im Allgäu, bei Kühen, Glockengebimmel und Alpen-Vergissmeinnicht. Höhepunkt des Jahres ist der Viehscheid am dritten Samstag im September, wenn über 1000 Tiere von den Hirten, erkennbar an ihren Edelweißhosenträgern, beim Alpabtrieb von den Almen hinab ins Tal gebracht und ihren Besitzern übergeben werden. Das wird kräftig gefeiert mit Blasmusik und Allgäuer Leckereien.

P *Der Parkplatz an der Aach (GPS: 47.562178, 10.216717) ist nur wenige Gehminuten vom Zentrum entfernt, am Wochenende parkt man kostenfrei, WC vorhanden.*

GENUG GECHILLED?

Zeit für eine Runde SUP auf dem Alpsee, könnte die Botschaft des Bläßhuhns lauten, vielleicht ist es auch einfach neugierig

AKTIVITÄTEN & SIGHTSEEING

1 Bootfahren, relaxen und baden am Großen Alpsee

Auf dem langen Holzsteg picknicken, auf den Uferwiesen sonnenbaden oder mit dem Tretboot über den See schaukeln – das Westufer ist ideal für einen lieben langen Tag am See. ***Infos:*** *Tretboot, SUP und Kajak 10 €/Std., Badeboot für bis zu 6 Personen 14 €/Std. | Seestr. 7 | Immenstadt* ***Parken:*** *Parkplatz 5 Min. entfernt an der Kirchsteige 1*

2 Spaß haben im Naturparkzentrum AlpSeeHaus

Direkt am Alpsee liegt das Infozentrum des **Naturparks Nagelfluhkette** mit einer Ausstellung über Landschaft, Alpwirtschaft, Flora und Fauna des Naturparks. Mit Skytrail und Piratenspielplatz für die Kleinen, Pause im Naturparkcafé für die Großen. ***Infos:*** *tgl. 10–18 Uhr | 3,50 € | Seestr. 10 | Immenstadt | nagelfluhkette.info* ***Parken:*** *Parkplatz vorhanden*

3 A Mordsgaudi erleben am Wasserskilift Allgäu

Mit Speed über das Wasser gleiten, in der Sonne entspannen und ein kühles Bier genießen – was will man mehr? Stundenweise fahren, Ausrüstung leihen, Kurse von Anfänger bis Fortgeschrittene buchen – bei der Wakeboard- und Wasserskianlage 2 km westlich von Immenstadt alles kein Problem. ***Infos:*** *tgl. 12–19 Uhr | pro Std. 21 €, Tageskarte 36 €, Jugendliche 17 € bzw. 31 € | Am Inselsee 4 | Blaichach | wasserskilift-allgaeu.de*

4 Ein Tag in Oberstaufen

Der hübsche Ort, 20 Min. von Immenstadt, verbreitet sein Flair durch traditionelle Häuser und viele kleine Geschäfte mit Dirndl & Co. Am Hausberg, dem **Hündle,** ist Rodeln auch im Sommer möglich, im Winter locken Pisten aller Level viele Skifahrer an. Das **Bauernhausmuseum** im nahen Dorf Knechtenhofen sollten Nostalgiker nicht verpassen. Naturfans fahren zu den 5 km entfernten **Buchenegger Wasserfällen.** ***Infos:*** *Sommerrodelbahn Oberstaufen | Mo–Fr 12–17, Sa/So ab 10 Uhr | huendle.de*

5 Schwimmen in den Buchenegger Wasserfällen

Was für ein Naturschauspiel! Mitten im Wald rauschen die Buchenegger Wasserfälle hinab und bilden, umgeben von Felsbrocken, smaragdgrüne Badebecken – wirklich erfrischend! Danach ist man fit für den steilen 500 m-Aufstieg zurück zum Parkplatz *(GPS: 47.532745, 10.046259).* ***Infos:*** *6 km südl. von Oberstaufen | buchenegger-wasserfaelle.de*

6 Eine Runde wandern durchs Werdensteiner Moos

Das Werdensteiner Moos, 7 km nördlich von Immenstadt, ist ein renaturiertes **Moorgebiet,** einsam und mystisch. Infotafeln erklären auf dem 3,5 km langen **Rundlehrpfad** seine Entstehung, den Lebensraum und wie es den Torfstechern einst erging. Vom Aussichtsturm erstreckt sich die braun-feuchte Landschaft in ihrer ganzen Weite. ***Anfahrt:***

Anfahrt über die B19 ***Parken:*** *GPS: 47.608548, 10.268082 | Tagesticket 4 €*

7 Am Gunzesrieder Ach so richtig austobeln

Ein Tobel ist im Allgäu ein enges Tal. Die 3 km lange Rundwanderung durch **Haldertobel** und **Gunzesriedertobel** führt entlang des Gunzesrieder Ach, der in die Iller mündet. Start ist am Parkplatz der Alpe Derb. Von hier geht es zum Gunzesrieder Stausee. Smaragdgrün glitzert er durch die Bäume. Erstmal die Füße ins Wasser, bevor es den malerischen Bach entlanggeht. Die Einkehr in der Alpe Derb ist ein gelungener Abschluss. Hier wird auch köstlicher Käse hergestellt. ***Infos:*** *tgl. 10–19 Uhr | Parkplatz Alpe Derb | alpe-derb.de |*

8 Heidi und Alpöhi lassen in Oberstdorf grüßen

Hier würde sich Heidi aus dem schweizerischen Graubünden auch wohl fühlen. 20 km schlängelt sich die B19 in die Bergwelt südlich von Immenstadt. Der Kneippkurort liegt zwischen den Skigebieten am Nebelhorn, Söllereck und Fellhorn, ein Abstecher zu Deutschlands größter **Skiflugschanze** flößt Respekt ein. ***Infos:*** *Heini-Klopfer-Schanze | tgl. 9.30–17.30, Nov.–März bis 16.30 Uhr | 12 € | Zimmeroy 1 | Oberstdorf | skiflugschanze-oberstdorf.de*

Insider-Tipp

Ab in den See

Gleich hinter der Schanze liegt der stille Freibergsee, wo du ungestört baden kannst. Ein Wanderpfad führt die paar Hundert Meter dorthin (naturbad-freibergsee.de).

9 Dem Rauschen lauschen in der Breitachklamm

Rund um **Oberstdorf** liegen Hochtäler, wie das Breitachtal mit dem abenteuerlichen **Wanderweg** durch die Breitachklamm, knapp 14 km von der Skischanze entfernt. Erst plätschert die Breitach noch gemächlich durch ihr steiniges Flussbett, doch bald schon verengt sich das Tal und schließlich stürzt sie als wilder Fluss durch enge Felswände. Spektakulär! ***Infos:*** *tgl. 9–17 Uhr | 5 €, Parkplatz 2 € | Klammstr. 47 | Oberstdorf | breitachklamm.com | Dauer: ca. 2 Stunden*

REGENTAG – UND NUN?

10 Selber mal richtig auskäsen

Käse ist im Allgäu allgegenwärtig. Aber Käse selber machen? Geht auch. Georg Gründl leitet dich in seiner **Käseschule,** 11 km westlich von Immenstadt, fachgerecht und kurzweilig an. An einem der zwölf Arbeitsplätze stellst du deinen eigenen Käse her. Drei bis vier Stunden dauert der Kurs. Das Ergebnis darfst du gern mit nach Hause nehmen. ***Infos:*** *Teilnahme nur nach Anmeldung | pro Person 59 € | Kirchdorferstr. 7 | Thalkirchdorf | Tel. +49 172 8 90 87 38 | kaeseschule.de*

ESSEN & TRINKEN

11 Mittendrin statt nur dabei

7 km nördlich von Immenstadt liegt der historische **Gasthof Zum lustigen Hirsch.** Hier gibt's nicht nur einen super Blick in die Bergwelt, in der modernisierten Küche werden vorwiegend regionale Produkte verarbeitet. Das Rindfleisch stammt vom eigenen Hof. Der Tafelspitz zergeht auf der Zunge. Handgehobelte Kässpatzen satt gibt es jeden Donnerstag ab 18 Uhr. Wer mag, hobelt selber unter Anleitung. Ein kleiner Hofladen bietet Produkte aus der Region an. ***Infos:*** *Mi–Mo 11.30–24 Uhr | Akams 3 | Immenstadt | Tel. +49 8323 49 15 | lustiger-hirsch.de | €€*

12 Schlaraffenland für Leckermäuler

In der **Konditorei Café Kohlhund** hat man die Qual der Wahl. Ein Besuch im süßen Herz am Klosterplatz ist ein Muss, die Auswahl an Torten, Kuchen und anderem Naschwerk überwältigend. Die Prinz-Regenten-Torte, der Klassiker des Hauses, fällt auf den Tischen sofort auf. Wer morgens schon viel Appetit hat, bekommt hier auch ein gutes Frühstück serviert. Bedient wird sehr freundlich im traditionellen Dirndl. ***Infos:*** *Mo–Sa 8–18 Uhr | Klosterplatz 1 | Immenstadt | Tel. +49 8323 62 05 | cafe-kohlhund.de | €€*

13 Wer's käsig mag

Die urige Gaststube und die Sonnenterrasse im **Sennereistüble DreiKäse-Hoch** sind so gemütlich, dass man gar nicht mehr fort will, das zünftige Speisenangebot steigert das noch. Die Kässpatzen sind richtig gut. Auf Vorbestellung gibt es auch Käsefondue. ***Infos:*** *Do–So 11–17 Uhr | Diepolz 1 | Immenstadt | Tel. +49 8320 9 25 63 00 | sennereistueble-dreikaesehoch.de*

ELEMENTAR

Kässpatzen sind in Bayern allgegenwärtig – auf Wunsch darf auch selbst gehobelt werden

AUSGEHEN & FEIERN

14 Kultbar für Nachtschwärmer

Wer nicht zeitig ins Bett gehen mag, findet in **Bastels** gemütlicher **Pilsbar** abwechslungsreiche Unterhaltung. Bastel hat den Laden im Griff. Das Bier ist fix serviert und die Musikauswahl echt klasse. Dartscheibe und Kickertisch hängen und stehen bereit. ***Infos:*** *Di–Sa 17–1 Uhr | Salzstr. 8 | Immenstadt | bastels-pilsbar-immenstadt.de*

15 So ein Theater

Die ehrenamtlichen Organisatoren der Kulturgemeinschaft Oberallgäu stellen im **Theater im Hofgarten** ein beachtliches Programm auf die Beine. Gespielt wird teils in Immenstadt, zum Teil im benachbarten Sonthofen. Namhafte Schauspieler finden immer wieder auf die Bretter, die die Welt bedeuten. ***Infos:*** *Hofgartenstr. 14 | Immenstadt | Tel. +49 8323 9 98 00 78 | kulturgemeinschaft-oberallgaeu.de*

EINKAUFEN

16 Paradies für Käseliebhaber

Betritt man das Ladengeschäft auf der **Schönegger Käse Alm,** steigen einem sofort Käsearomen in die Nase. Alle Sorten werden aus regionaler Heumilch produziert. Freundlich wird beraten, um je nach Geschmack den richtigen Käse zu finden. Verkosten – erlaubt. ***Infos:*** *Mo–Sa 9–13, Mo, Di, Do, Fr bis 18 Uhr | Sonthofener Str. 46 | Immenstadt | schoenegger.com*

17 Mit gutem Gewissen

Im verpackungsfreien Geschäft **Freilich Unverpackt** wird bewusst auf Plastik verzichtet. So besteht auch die Ladeneinrichtung vor allem aus Holz. Neben Nahrungsmitteln gibt es Kosmetika und

WELLNESS PUR

Die Zeiten, als Camping als spartanisch galt, sind spätestens mit Ankunft am Alpsee Camping Geschichte

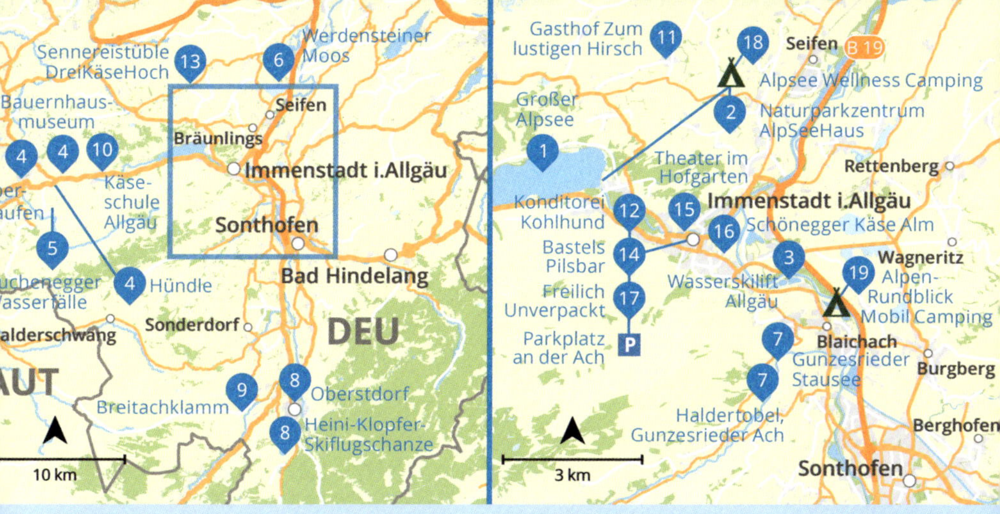

Wohnaccessoires. An runden Holztischen und auf Polstersofas aus Omas Zeiten schmecken auch Kaffee und Kuchen echt lecker. Ruhig mal reinschnuppern. ***Infos:*** *Mo–Fr 9–18, Sa 9–13 Uhr | Rothenfelsstr. 6 | Immenstadt | freilich-unverpackt.de*

STELL- & CAMPINGPLÄTZE

18 Lust auf Wellness?

Dem sehr gepflegten Campingplatz mit direktem **Zugang zum Alpsee** und Blick auf die Voralpenlandschaft wurde 2019 ein Wellnessprogramm verpasst. Das Ergebnis ist ein 4-Sterne-Platz mit allem Drum und Dran. Vom neuen **Infinitypool** und dem Sonnendeck auf dem Dach hat man einen herrlichen Blick in die Bergwelt, bevor man sich in den drei Saunen der **Saunalandschaft** gesund schwitzt und anschließend eine Relax-Massage gönnt. Eine gelungene Abwechslung zu den gängigen Plätzen. Am Kiosk und im Bistro kann man sich gut versorgen. Hunde sind willkommenm, es gibt sogar eine separate Dusche für sie.

Alpsee Wellness Camping

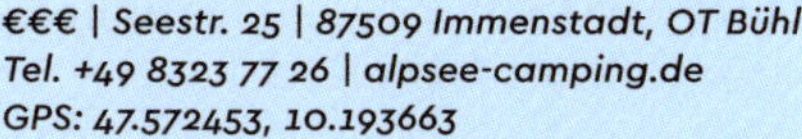

€€€ | Seestr. 25 | 87509 Immenstadt, OT Bühl
Tel. +49 8323 77 26 | alpsee-camping.de
GPS: 47.572453, 10.193663

▸ **Größe:** *200 Stellplätze*

19 Rundum gelungen und ruhig gelegen

Der Campingplatz am **Waidachsee** liegt wunderschön auf einem Hochplateau vor der imposanten Bergkulisse des **Grünten.** Das türkisgrüne Wasser des Sees bietet eine herrliche Erfrischung an heißen Tagen. Wer einen Fischereischein vorlegt, kann Angelkarten erwerben. Für kleine Kinder stehen Trettraktoren und andere Fahrgeräte zur Verfügung. Am Empfang warten kalte Getränke, Kaffee und Eis. Der Platzwart ist immer freundlich und hilfsbereit.

Alpen-Rundblick Mobil Camping

€ | Am Eichbichl 1 | 87544 Blaichach
Tel. +49 8321 8 80 26 | alpen-rundblick.de
GPS: 47.546241, 10.260036

▸ **Größe:** *55 Stellplätze*

Füssen
Schlösserhopping durch Eiszeitlandschaft

Bayernkönig Ludwig II. hat sich Füssen nicht umsonst als Standort für sein Märchenschloss Neuschwanstein ausgesucht: die grüne Hügelregion wurde durch die Eiszeit geprägt. Sanfte Berge und enge Täler, Wälder, Wiesen und Seen soweit das Auge reicht. Der Lechgletscher hat Spuren hinterlassen, sein Überbleibsel, der Lech, fließt noch heute durch die hübsche Stadt im Ostallgäu. Kein Wunder, dass sich in dieser Schlossparkregion neben Ludwig auch andere adlige Herrschaften königspudelwohl fühlten.

P *Ein großer, gebührenpflichtiger Parkplatz findet sich nahe der Fußgängerzone befindet sich in der Inneren Kemptener Straße (GPS: 47.567871, 10.696778).*

LUFTSCHLÖSSER

Schloss Neuschwanstein samt Traumblick konnte Ludwig II. nicht mehr genießen. Fans von Märchenschlössern mehr denn je

AKTIVITÄTEN & SIGHTSEEING

1 Zu Besuch beim König auf Schloss Neuschwanstein

Das Auge war größer als die Finanzen: Sein Lieblingsschloss gab König Ludwig II. ab 1869 in Auftrag. 300 Handwerker waren über 20 Jahre beschäftigt, um den Prachtbau voranzubringen. Dennoch wurden von über 200 Zimmern nur 15 Räume und Säle ausgestaltet, darunter der **Thron- und Sängersaal.** Ludwig starb, bevor das Werk vollendet war. Nur sechs Wochen später wurden bereits Besucher eingelassen, um vom Eintritt die königlichen Schulden zu tilgen. Heute klingelt die Kasse: Mit rund 1,5 Mio. Besuchern pro Jahr ist Neuschwanstein das einzige Objekt der Bayerischen Schlösserverwaltung, das mehr einbringt, als es kostet. ***Infos:*** *tgl. 9–18 Uhr | 13 € (online buchbar), Kinder bis 18 J.Eintritt frei | Neuschwansteinstr. 20 | Schwangau | neuschwanstein.de | Besichtigung innen nur mit Führung (30 Min.)* ***Parken:*** *P1 Königsschlösser*

Insider-Tipp

Auf Schusters Rappen

... zum Schloss: Von einer verfallenen Gipsmühle (ab P2 über Pöllatweg) geht's durch die Pöllatschlucht zur Marienbrücke, von der du einen super Blick auf Neuschwanstein hast.

Für das ultimative Foto geh über die Brücke in den Wald, am ersten Abzweig links und den steilen Pfad hinauf. Kurz darauf liegt dir das Schloss zu Füßen.

2 Katzensprung zum Bergschloss Hohenschwangau

Nur einen Kilometer weiter ragt das nächste Märchenschloss in den Alpenhimmel: Schon im Mittelalter gab es hier eine Burg. Bayernkönig Maximilian II. gefiel die Ruine so gut, dass er sie zum Schloss umbauen ließ. Später inspirierte der Ort Sohn Ludwig zum Bau von Neuschwanstein. **Prunkräume** und können bei einer Führung besichtigt werden. ***Infos:*** *tgl. 9–16 Uhr | 13 € (online buchbar), Kinder bis 18 J. Eintritt frei | Alpseestr. 30 | Schwangau | hohenschwangau.de* ***Parken:*** *P1 Königsschlösser*

3 Durch wilde Natur im Walderlebniszentrum

Vor den Toren Füssens verzweigt sich der türkisblaue Lech und lässt so kleine Inseln entstehen. Am Auwald- und Bergwaldpfad im **Walderlebniszentrum Ziegelwies** kannst du den Fluss samt Nebenbächen mittels Hängebrücke,

REGENTAG – UND NUN?

4 Zurück in die Zeit der Bayrischen Könige

Olle Kamellen im **Museum der Bayrischen Könige** anschauen? Aber ja! Wo sonst gibt es einen begehbaren Stammbaum und das Reisebesteck der Könige zu bestaunen? Ein Audioguide erklärt die Hintergründe der Dynastien. ***Infos:*** *tgl. 9–17 Uhr | 13 €, Kinder Eintritt frei | Alpseestr. 27 | Schwangau | hohenschwangau.de*

Baumstamm oder hangelnd überqueren. Und nebenbei viel über die Kraft des Wassers erfahren. Vom 21 m hohen **Baumkronenpfad** ist der Blick auf Lech und Berge phänomenal ***Infos:*** *tgl. 9–19.30 Uhr | Baumkronenpfad (ab 16 J.) 5 €, Ausstellung und Erlebnispfade Eintritt frei | Tiroler Str. 10 | Füssen | walderlebniszentrum.eu* ***Parken:*** *am Ort*

5 Ein Tag am Forggensee

Baden, Bootfahren, eine Schiffstour – am Forggensee wird's nicht langweilig. Der See ist nicht nur für die Hochwasserregulierung wichtig, er bietet auch eine Besonderheit: Im Winter wird das Wasser im südlichen Teil abgelassen. Und siehe da: Eine alte Römerstraße, die **Via Claudia Augusta,** wird sichtbar und man kann hinspazieren. ***Infos:*** *Forggenseeschiffahrt | Anfang Juni–Mitte Okt. 10–17.30 Uhr | Weidachstr. 80 | Füssen | forggensee-schifffahrt.de*

ESSEN & TRINKEN

6 Zurück in die Goldenen 20er

Das Ambiente im **Madame Plüsch** ist *der* Hingucker. Neben der großen Portion Nostalgie wird super gekocht, für Fleisch- und Fischfans ebenso wie für Vegetarier. ***Infos:*** *Do–Mo 17–21 Uhr | Drehergasse 48 | Füssen | Tel. +49 8362 9 30 09 49 | madame-pluesch.de | €€€*

7 Was Biogerichte und Cocktails gemeinsam haben

Eine gelungene Mischung aus Café-Bar und Restaurant ist das **Chapeau.** Das Augenmerk liegt auf frischen, heimischen Produkten in Bioqualität. Die großen Buddha Bowls, vegane Falafel und Burger sind der Knaller und die Cocktails genauso gut wie das Essen. ***Infos:*** *Mi–Mo 18–23 Uhr | Brunnengasse 20 | Füssen | Tel. +49 8362 8 19 77 77 | chapeau-fuessen.de | €€*

SOMMER WIE WINTER

Ob Badehose oder Skianzug – auf dem Campingplatz Hopfensee kommt beides zum Einsatz

EINKAUFEN

8 Überdachter Marktbummel

In den historischen Mauern der **Markthalle Füssen** findest du regionale Produkte wie Käse, Brot, Gemüse und Fleisch. Ein Tipp ist die Fischhandlung Geiger. Hier gibt es frischen und geräucherten Fisch. Und vor Ort wird eine hervorragende Fischsuppe serviert. ***Infos:*** *Mo–Do 8–18.30, Fr 8–20, Sa 8–15 Uhr | Schrannengasse 12 | Füssen*

9 Beim Künstler zu Hause

Interessante Aquarellmalerei und Objekte des Füssener Künstlers **Peter Jente** kannst du in seinem **Atelier** bestaunen und kaufen. Wer Zeit hat, kann auch einen Malkurs machen. ***Infos:*** *Luitpoldstr. 2 | Füssen | Tel. +49 173 8 10 26 81 | peterjente.com | Besuch nur nach Absprache*

STELL- & CAMPINGPLÄTZE

10 Silence is golden

Die Lage am **Hopfensee**, 4,5 km von Füssen, ist einmalig: Über den See blickst du auf die Alpen und Schloss Neuschwanstein. Erstklassige Ausstattung, u. a. Hallenbad und Saunalandschaft. Auch im Winter reizvoll, die Loipen starten direkt am Platz.

Camping Hopfensee

€€€ | Fischerbichl 17 | 87544 Blaichach
Tel. +49 8362 91 77 10 | camping-hopfensee.de
GPS: 47.600943, 10.686857

▶ **Größe:** ***370 Stellplätze, auch Ferienwohnungen und -häuser***

11 Mit Alpenpanorama

Relativ kleiner, terrassierter Platz am Ufer des **Forggensees,** 6 km von Füssen entfernt. Der See mit Badestrand und der herrliche Blick in die Bergwelt lassen die Enge bei den Stellplätzen schnell vergessen. In der angeschlossenen Pizzeria Il Gambero kocht Rudolfo Pasta und bereitet Fleisch und Fisch auf dem Grill zu. Anreise bis max. 21 Uhr, Reservierungen ab 4 Übernachtungen.

Camping Magdalena und Haus Sonnenlage

€€ | Bachtalstr. 10 | 87669 Rieden am Forggensee | Tel. +49 8362 49 31 | sonnen-lage.de
GPS: 47.615526, 10.723424

▶ **Größe:** ***40 Stellplätze, Ferienzimmer im Haus Sonnenlage***

AM BAYERISCHEN MEER
Im Chiemsee warten drei Inselschönheiten auf Kanupioniere. Rundherum geht's per Drahtesel

Tosende Wasserfälle, hohe Gipfel und stille Seen
Die Deutsche Alpenstraße von Füssen zum Königssee

Ab Füssen führt die Deutsche Alpenstraße noch weiter ins Gebirge und in Garmisch-Partenkirchen zum höchsten Berg Deutschlands, der Zugspitze. Über schnuckelige Orte wie Bad Tölz und spektakuläre Wasserfälle geht's bis ans Bayrische Meer, den wunderbaren Chiemsee. Ob Radtour oder Inselhopping – der See tut einfach gut. Über die Chiemgauer Alpen mit weiteren Seen, Almwiesen und Klammen erreichst du schließlich den Königssee im Berchtesgadener Land, eine Traumgegend für Outdoorspaß und Naturliebhaber.

Strecke 306 km

Reine Fahrzeit 4 Std. 50 Min.

Streckenprofil Gut ausgebaute, oft kurvige Straßen, auch Passstraßen wie der Sudelfeldpass. Abseits von Hauptrouten auch schmale und steile Straßen, aber immer in gutem Zustand. Beim Sylvensteinsstausee ist ein kurzer Abschnitt mautpflichtig.

Empfohlene Dauer 10–14 Tage

Anschlusstouren A D E

Tour B im Überblick

Tour-Highlights
Die junge Isar von Badestopp zu Badestopp durchs Hochgebirge bis zum Sylvensteinstausee begleiten ▶ S. 53
Bayrische Biere in der Tölzer Mühlfeldbrauerei verkosten ▶ S. 55
Die Zugspitze bei Garmisch-Partenkirchen erobern ▶ S. 61
Im Chiemsee von Insel zu Insel paddeln ▶ S. 65
Vom Königssee zur Fischunkelalm am Obersee wandern ▶ S. 69
A 92
Moosburg an der Isar
Vilsbiburg
Taufkirchen (Vils)
Erding
Dorfen
A 94
Waldkraiburg
Markt Schwaben
Haag in Oberbayern
Ebersberg
Grafing bei München
Wasserburg am Inn
Deutschland
Traunreut
Waging am See
Mattsee
Laufen (Salzach)
Eugendorf
Freilassing
Salzburg
Chiemsee
Seite 64
Holzknechtmuseum Ruhpolding
Bruckmühl
Bad Aibling
Rosenheim
A 8
Raubling
5
Schliersee
Ruhpolding
Bad Reichenhall
Königssee
Seite 68
Erl
Tatzelwurm Wasserfälle
Klausenbach-klamm
Chiemgau Arena
6
Nationalpark Berchtesgadener Land
A10
Kufstein
Going
St. Johann in Tirol
Söll
Ellmau
Zauberwald Ramsau am Hintersee
A12
Wörgl
Kitzbühel
Werfen
Brixlegg
Hopfgarten im Brixental
Saalfelden am Steinernen Meer
Bischofshofen
Jochberg
Hinterglemm
Sankt Johann im Pongau
Österreich
Zell am See
Ried im Zillertal
B169
Mittersill
Niedernsill
Taxenbach
Zell am Ziller
Gerlos
Krimml
Rauris
Großarl
Mayrhofen
Bad Hofgastein
Bad Gastein

B Tourenverlauf

Start & Spot **3**

Füssen
Schlösser-Hopping durch Eiszeitlandschaft ▶ **S. 44**

20 km An der Westseite des Forggensees geht es auf der B16 gen Norden. 2 km hinter Roßhaupten fahrt ihr ab und haltet euch rechts Richtung Steingaden/Lechbruck. In Lechbruck links in die Flößerstraße einbiegen und die zweite Straße noch einmal links zum Flößermuseum.

Das Flößermuseum in Lechbruck am See

Das originale Haus einer Flößerfamilie aus dem 17. Jh. gibt Einblicke in das Leben mit dem Fluss. Der Lech als Verkehrsweg war sicher, schnell und billig. Holz, Rohstoffe und Waren wurden in entfernte Absatzgebiete am Lech und an der Donau transportiert. Doch wie bewegten sich die Menschen früher auf dem breiten, grün schimmernden Fluss? Und was haben Alphornbläser auf dem Floß zu suchen? Antworten findet ihr hier.

i April–Sept. Do 17.30–19, So/Fei 16–18 Uhr | 2,50 € | Weidach 10 | floesser-lechbruck.de

Dienstag und Donnerstag bietet die Touristinfo Fahrten auf dem Holzfloß an. Sogar heiraten kann man auf dem Lech (13 €, Kinder 6–15 J. 10,50 €, Tel. +49 8862 98 78 30).

32 km Nun geht es links über den Lech und weiter auf der Lechbrucker Straße über Steingaden und die Ammergauer Straße bis zum Kreisverkehr an der B23. Rechts halten und nicht verpassen, einen Blick auf die **Echelsbacher Brücke** und die **Ammerschlucht** zu werfen. Die B23 führt weiter bis Oberammergau. Wer noch einmal näher an die Ammerschlucht herankommen will, biegt in Saulgrub rechts ab Richtung Scheibum. Nach 3 km folgt ein Parkplatz *(GPS: 47.661740, 10.989280)*. Von hier kannst du in zwei Minuten zu einem **Aussichtsturm** spazieren und auf den Ammerdurchbruch schauen.

Oberammergau

Wer bei bunt bemalten Häusern „Ooh und Aah" sagt, muss in Oberammergau stoppen. Die **Lüftlmalerei** an den Fassaden der alten Bauern- und Amtshäuser ist fantastisch *(Lüftlmalereck 3–1)*.

21 km Fahrt nun auf der Ettaler Straße bis zur B23 und folgt dieser nach links. Nach 5 km liegt direkt an der Straße das **Kloster Ettal,** eine prunkvolle Benediktinerabtei, die einen kurzen Stopp wert ist. Dann geht es auf der B23 weiter bis Oberau, wo ihr rechts auf die B2 abbiegt und dieser bis zum nächsten Spot folgt: Garmisch-Partenkirchen mit Deutschlands höchstem Gipfel, der 2962 m hohen Zugspitze.

Spot 4 **Garmisch-Partenkirchen**
Am höchsten Berg Deutschlands ▶ **S. 60**

40 km Es geht weiter auf der B2 Richtung Krün. Dort fahrt ihr links auf die B11 und am Ortsende von Wallgau gleich wieder rechts ab Richtung Sylvensteinstausee. Das breite steinige Wildflussbett der Isar begleitet euch nun die ganze Zeit. Zwischendrin gibt es wunderbare Aussichtspunkte. Der Abschnitt von Wallgau bis Vorderriß ist **mautpflichtig** *(10 € fürs Womo)*. In Vorderriß beginnt die B307 und führt bis zum Stausee.

Sylvensteinstausee

Türkis schimmert das glasklare Wasser der Isar in dem fjordartigen See und man will am liebsten sofort hineinspringen. Das geht auch an meh-

RAPUNZEL ODER FRAU HOLLE?

An diesem Haus in Oberammergau kannst du dein Märchenwissen testen. Alles erkannt?

AROMATHERAPIE

Der Tölzer Kasladen ist ein Fest für die Sinne

reren Stellen, ein flacher Seezugang mit Liegewiese und Schwimmplattform liegt ein Stück links vor dem Ort **Fall** mit der Faller-Klamm-Brücke – aber „brrr", kalt ist das Wasser schon *(GPS: 47.568764, 11.525996)*. Wer nicht in das selbst im Hochsommer eisige Nass steigen mag, kann den See auch umwandern, umradeln oder einfach nur das imposante Panorama auf die Bergwelt genießen. Ranger sind zum Schutz der Flora und Fauna im Landschaftsschutzgebiet unterwegs.

i *15 km von Lenggries entfernt | lenggries.de*

P *Mitten im Laubwald in Fall gibt es einen Wohnmobilstellplatz | 4 €/24 Std. | WC und Glascontainer vorhanden, Müll bitte mitnehmen. Zum See sind es 15 Min. Mehrere Wanderrouten starten von hier (GPS: 47.571120, 11.533664).*

Der kostenfreie Parkplatz (GPS: 47.586345, 11.549767) auf dem Sylvensteindamm ist ideal für einen Blick auf den Stausee mit seiner herrlichen Farbe – Postkartenidylle. Foto machen!

24 km Vor dem Staudamm biegst du auf die B13 ab, überquerst die Isar, fährst durch ein wiesenreiches Tal immer parallel zum Fluss und landest schließlich im schönen Bad Tölz.

Bad Tölz

Zwischen Tegernsee und Starnberger See, zwischen München und Garmisch-Partenkirchen liegt die Kurstadt Bad Tölz verträumt am breiten Strom der mittleren Isar. Der Schauplatz der beliebten Krimiserie („Der Bulle von Tölz") nannte sich nicht schon immer ein Bad, sondern hat sich den Titel durch eine Entdeckung erobert. Ein Jäger beobachtete 1846, dass verwundete Wildtiere bestimmte Quellen aufsuchten. Eine Wasserprobe brachte kurze Zeit später Klarheit: Das Wasser war extrem jodhaltig und heilsam. Ein Kurort war geboren.

P *Womostellplatz, Königsdorfer Str. 67 (GPS: 47.763135, 11.550638), direkt am Isarufer, nur 800 m zu Fuß ins Zentrum, mit Kinderspielplatz*

Bummeln durch Markstraße und Gries
Die **Marktstraße** punktet mit historischen Häusern aus Barock und Renaissance. Südlich davon liegt das **Gries,** der älteste Stadtteil von Tölz. Die mittelalterliche Handwerker- und Flößersiedlung mit ihren engen verwinkelten Gassen, Plätzen und Brunnen ist ebenfalls „Flanierzone". Hier lebten früher die Handwerker und teilten aus Kostengründen die Stockwerke der Häuser untereinander auf. Über eine Holztreppe, die außen von einer Etage zur nächsten führte, kamen sie in ihre Wohnungen. An manchen Häusern sieht man das noch immer.

Brauerei Tölzer Mühlfeldbräu
Tölz war mit seinen einst 22 Brauereien Hauptbierlieferant für München inklusive Oktoberfest. Doch als 1868 das Bierregulativ aufgehoben, die Gewerbefreiheit eingeführt und zudem die Kompressionskältemaschine erfunden wurde, war der Vorteil der kühlen Tölzer Tuffsteinkeller zum Bierlagern überholt. Großbrauereien entstanden in München, Tölzer Bier wurde unlukrativ. Heute gibt es hier wieder zwei Brauereien. Bei Mühlfeldbräu kannst du es dir in der zünftigen Gaststube gemütlich machen und dich durch die Brauerei führen lassen.

i *pro Pers. inkl. 1 Bier 8 €, mit Bierverkostung 15 € | Bahnhofstr. 4 | Tel. +49 8041 7 96 05 71 | tmb.de | Führungen ab 5 Pers. jederzeit möglich, telefonisch ein paar Tage vorher anmelden, Dauer ca. 1 Std.*

Nase zu und durch
Im **Tölzer Kasladen** stinkt es ganz ordentlich nach über 200 per Hand hergestellten Käsesorten aus der Region und ganz Europa, die in den Reiferäumen vor Ort zur vollen Reife kommen.

i Mo–Fr 9–18, Sa 8.30–16 Uhr | Marktstr. 31 | toelzer-kasladen.de

26 km Über die B472 verlasst ihr Bad Tölz und biegt in Waakirchen nach rechts Richtung Tegernsee ab. Den streift ihr nur, erfreut euch kurz an seinem petrolfarbenem Blau, bevor ihr hinter Gmund am Kreisverkehr an der B307 die zweite Ausfahrt auf die Schlierseer Straße nehmt. Durch Felder zur Linken und Alpenausläufer zur Rechten ist es zum nächsten Zwischenstopp nicht mehr weit.

Optionaler Anschluss: Tour D

Schliersee

Der See und die angrenzenden Uferbereiche sind für Freizeitvergnügen jeglicher Art bestens geeignet. Ob auf, im oder am Wasser, es wird für jeden etwas geboten. Mehrere Badestellen sind im Sommer zugänglich. Man kann um den See laufen oder radeln. Oder man wandert vom Ort Schliersee über 2 km zur **Schliersbergalm** nordwestlich vom See und genießt den Blick von oben. Ein besonderes Highlight ist das **Museumsdorf** am südlichen Seeufer. Initiiert von Markus Wasmeier, dem früheren Weltklasse-Skirennfahrer, gewährt das Bauernhofdorf Einblicke in zehn historische Gebäude und das Leben der Bauernfamilien in früherer Zeit.

i Markus Wasmeier Freilichtmuseum | Di–So 10–17 Uhr | 8,90 € | Brunnbichl 5 | Schliersee | wasmeier.de

P Wohnmobilstellplatz schräg gegenüber vom Strandbad | Seestraße, an der Ostseite des Sees (GPS: 47.726644, 11.870404)

27 km Auf der B307 geht es direkt zum nächsten Ziel, den Tatzelwurmwasserfällen. Hinter Bayrischzell überquert ihr den Sudelfeldpass, ein Skiparadies und Womofahrspaß für alle, die Kurven mögen.

Tatzelwurmwasserfälle

Über mehrere Stufen stürzt das Wasser des Auerbachs 95 m tief in ein recht kleines felsiges Becken, bevor es sich weiter den Weg durch eine nichtbegehbare Klamm bahnt. Der Besuch der Fälle ist ganzjährig möglich und kostenfrei. Vom Besucherparkplatz in Oberaudorf ist der 15-minütige, relativ leichte Aufstieg beschildert.

i Tatzelwurmstr. 1 | Oberaudorf | tatzelwurm-wasserfaelle.com

27 km Nach soviel Kurverei tut ein Stück Autobahn mal wieder gut. Dazu folgst du der Tatzelwurm-, später Sudelfeldstraße, fährst bei Brannenburg auf die A93 und am Dreieck Inntal auf die A8 Richtung Chiemsee.

Spot 5

Chiemsee

Urlaubsfeeling am Bayrischen Meer ▶ **S. 64**

27 km Entlang wunderbar grüner Landschaft, mitten durch ein schmales Tal der Chiemgauer Alpen, geht die Fahrt über die B305 immer gen Süden zum nächsten Ziel.

Durch die Klausenbachklamm wandern

Für die abwechslungsreiche Wanderung durch die Klausenbachklamm bei Reit im Winkl sind gutes Schuhwerk und Trittsicherheit gefragt. Die aufregende, landschaftlich reizvolle Runde ist 9,5 km lang und auch für Familien mit kleinen Kindern machbar. Man sollte drei bis vier Stunden dafür einplanen. Verschiedene Einkehrmöglichkeiten liegen am Weg. Start der gut beschilderten Runde ist der Parkplatz am Festsaal in Reit im Winkl *(GPS: 47.675595, 12.465641)*.

18 km Die einzige Straße nach Ruhpolding führt durch idyllisch-enge Täler der **Chiemgauer Alpen,** vorbei an der Winklmoosalm, den Drillings-

ATEMPAUSE

Bei soviel grandioser Landschaft am Stück muss ab und zu die Pausentaste gedrückt werden

seen Weitsee, Mittersee und Lödensee mit einer schönen Badewiese und den Weißbachwasserfällen zur Chiemgau Arena.

Chiemgau Arena bei Ruhpolding

Hier schlägt das sportliche Herz Ruhpoldings. In der Wintersaison steht die Wettkampfstätte für Biathlon weltweit im medialen Interesse. Außerhalb der Wettkampfsaison geht es dagegen beschaulich zu. Perfekt, um einmal hinter die Kulissen zu schauen. Auf einer 2-stündigen Tour sieht man mit etwas Glück die Profis beim Training.

i *tgl. 10 und 13 Uhr | 12,50 €, mit Chiemgau-Karte Eintritt frei | Biathlonzentrum 1 | Ruhpolding | chiemgau-arena.de*

2 km | Ruckzuck folgt schon der nächste interessante Zwischenstopp.

Holzknechtmuseum Ruhpolding

Das Museum zeigt eindrucksvoll, wie der Alltag der Holzarbeiter einst aussah. Alte Fotografien zeugen vom mühevollen und gefährlichen Leben der Holzknechte, wie es weit bis ins 20. Jh. üblich war. Die Ausstellung ist aufwendig umgesetzt. Einige ehemalige Behausungen der Arbeiter auf dem Freigelände könnt ihr auch von innen besichtigen.

tgl. 10–17 Uhr | 4 €, mit Chiemgau-Karte Eintritt frei | Laubau 12 | Ruhpolding | holzknechtmuseum.com | Besuchsdauer 1 Std.

30 km Die Route führt auf der B305 durch die östlichen Chiemgauer Alpen und das wunderschöne **Berchtesgadener Land.** Vorbei an Almen und den Weißbachwasserfällen geht es auf der Deutschen Alpenstraße weiter. Da bei Schneizlreuth die Strecke bis voraussichtlich Ende 2021 gesperrt ist, fährst du geradeaus, vorbei am hübschen **Thumsee,** wo du ins Wasser hüpfen kannst *(kostenloser Parkplatz direkt an der Straße | GPS 47.718247, 12.831504).* In Bad Reichenhall biegst du rechts auf die B21 ab und folgst ihr, bis du bei Unterjettenberg wieder auf die Deutsche Alpenstraße B305 triffst. Sie führt direkt zum nächsten Zwischenstopp.

Zauberwald Ramsau am Hintersee

Er zählt zu Bayerns schönsten Geotopen und der Zauberwald verzaubert tatsächlich. Riesige Wurzeln umklammern die Felsen, die durch einen Bergsturz vor 4000 Jahren im Tal gelandet sind und den Hintersee anstauen ließen. Mystisch – eine echte Traumlandschaft, im Sommer wie im Winter. Auf einem 2,8 km langen Weg könnt ihr den Hintersee umrunden. Drumherum gibt es mehrere Wirtshäuser für den großen Hunger und Durst. Wer länger laufen will, startet in Raumsau *(Parkplatz am Ramsauer Malerweg | GPS: 47.606777, 12.902510)* und folgt der glasklaren Ramsauer Ache, vorbei an mächtigen Gesteinsbrocken, moosbewachsenen Bäumen und plätschernden Wasserläufen bis zum Zauberwald am Hintersee.

Hinterseer Str. 104 | Ramsau bei Berchtesgaden | ramsau.de | Ausgangspunkt ist der gebührenpflichtige Parkplatz Zauberwald

12 km Nun der B305 durch ein weitläufiges Tal folgen, in Hinterschönau rechts in die Straße Am Duftberg abbiegen und bald darauf liegt Schönau am Königssee majestätisch vor euch.

Ziel & Spot 6

Der Königssee
Zu schön, um nicht da zu sein ▶ **S. 68**

Garmisch-Partenkirchen
Am höchsten Berg Deutschlands

Ursprünglich Konkurrenten, wurden Garmisch und Partenkirchen für die Olympischen Winterspiele 1936 zusammengelegt. Regelmäßig trifft sich in GaPa die Skielite zur alpinen Weltmeisterschaft. Auch in den schneelosen Monaten ist der Ort ein perfekter Ausgangspunkt für die vielen Naturschönheiten in der nahen Umgebung. Traditionell, bayrisch präsentiert sich das ursprüngliche Pfarrdorf Partenkirchen mit seinen Kopfsteinpflasterstraßen und kunstvoll bemalten Häuserfassaden. Garmisch hingegen ist eher modern und schick.

P *Mitten in Garmisch gibt es einen kleinen Parkplatz beim Kurpark, günstig und auch für Wohnmobile geeignet (Fürstenstr. 11).*

LÜFTLMALEREI

Beim Bummel durch die Ludwigstaße von Garmisch-Partenkirchen erklärt sich dieser Kunststil sofort

AKTIVITÄTEN & SIGHTSEEING

1 Bummeln durch die Ludwigstraße

Bekannt ist die Ludwigstraße für ihre Häuserfassaden mit **Lüftlmalerei.** Künstler Franz Seraph Zwinck hat meist in luftigen Höhen den Pinsel geschwungen – daher der Name. Schutzheilige blicken herab, bunte Bilder oder verschnörkelte Sprüche verraten das Gewerbe der Hausbesitzer. Kleine Läden und schnuckelige Restaurants machen den Bummel perfekt. ***Infos:** vom Parkplatz am Kurpark 20 Min. zu Fuß*

Insider-Tipp
Verdammt historisch

Das Alte Haus (Nr. 8 | das-alte-haus-partenkirchen.de) und das Wackerlehaus (Nr. 47) sind Originale aus dem 13. Jh.

2 Durch die wilde Klamm

Hohe Felswände und ein tosender Wildbach sorgen für Abenteueratmosphäre. Von der eisernen Brücke in die Wassermassen der **Partnachklamm** gucken ist atemberaubend! Im Winter gibt es auch Fackelwanderungen. Feste Schuhe sind Pflicht. ***Infos:** tgl. Juni–Sept. 8–20, Okt.–Mai 8–18 Uhr | 6 €, Kinder (6–17 J.) 3 € | Graseck 4 | GaPa* ***Parken:** Parkplatz am Olympia-Skistadion (25 Min. Fußweg)*

3 Runter von der Zugspitze

Mit drei Skibergen, 24 Skipisten, 18 Liften und der Weltcupabfahrt **Kandahar** ist das Skigebiet Garmisch-Partenkirchen eines der beliebtesten in Deutschland. Und wer mal einen Tag Pause braucht, kann die **Olympia-Skisprungschanze** besuchen. ***Infos:** Führung Olympiaschanze Sa 15, Mai–Mitte Okt. auch Mi 18 Uhr | Skipass Garmisch-Classic ab 48,50 €, Skipass Zugspitze ab 49,50 €, Führung 12 € (Anmeldung am Vortag) | zugspitze.de* ***Parken:** an der Talstation Kreuzeckbahn und Alpspitzbahn oder an der Hausbergbahn*

4 Rauf auf die Zugspitze

Viele Optionen führen auf die 2962 m hohe Zugspitze: hinauf wandern, mit der **Seilbahn Zugspitze** von der Talstation am Eibsee die knapp 2000 Höhenmeter in nur 10 Minuten hinaufschweben oder auf nostalgische Art vom Bahnhof GaPa in die **Zahnradbahn** steigen und zur Endstation Gletscher, dem **Zugspitzplatt** zuckeln. Von hier fährt die

REGENTAG – UND NUN?

5 Der Fantasie freien Lauf lassen

Garmisch ist der Geburtsort des Schriftstellers Michael Ende. Wie ein Abenteurer ließ er sich durch seine Geschichten treiben. „Jim Knopf", „Momo", „Die Unendliche Geschichte" sind Bestseller und wurden verfilmt. Im **Michael-Ende-Park** im Kurpark warten seine Fantasiewesen auf dich. ***Infos:** immer geöffnet | Zimmermeistergasse 14 | GaPa*

Gletscherbahn bis zum höchsten Punkt mit dem Blick auf 400 Alpengipfel, u.a. den Großglockner. ***Infos:*** *Seilbahn Talstation mit Parkplatz 8.45–17 Uhr; Zahnradbahn ab 8.15 Uhr ab Garmisch, 8.30 Uhr ab Grainau | Berg- und Talfahrt 48 €, Zahnradbahn 60 € | zugspitze.de*

ESSEN & TRINKEN

6 Lecker und hausgemacht

Das junge Team vom **Café Wildkaffee** kreiert herrliche Kaffeekompositionen in stylishem Ambiente. Am Tresen gibt es eine schöne Auswahl an selbst gebackenen Kuchen. Das vegane Bananenbrot ist köstlich – unbedingt probieren. Die vor Ort frisch gerösteten Kaffeebohnen kannst du kaufen und auch die Rösterei besichtigen. ***Infos:*** *Mo–Fr 7.30–17 Uhr | Bahnhofstr. 40 | GaPa | Tel. +49 8821 7 08 86 54 | wild-kaffee.de | €€*

7 Klein, familiär und gemütlich

Genau so ist es im **Fiaker.** Die Wände sind mit allerlei Klimbim überfrachtet, die Portionen üppig. Da hat man bei gutem Essen nichts einzuwenden. Hier steht Markus der Wirt noch am Herd. Die Schwabenpfanne ist köstlich. Auch einige Tische draußen, Reservierung ratsam. ***Infos:*** *Mi–Mo 18–1 Uhr | Ludwigstr. 31 | GaPa | Tel. +49 8821 5 83 76 | Facebook: Fiaker | €€*

EINKAUFEN

8 Zeit für einen Tee

Betrittst du das kleine Geschäft **Andreas Kaffee- und Teespezialitäten,** strömen dir die herrlichsten Aromen entgegen. Die Auswahl ist hervorragend: Ob klassisch, fruchtig oder magenschonend. Der Inhaber berät gerne. Es gibt auch Kaffees und allerlei Utensilien für den perfekten Teegenuss zu kaufen. ***In-***

HIMMLISCH

Im Camping Resort auf dem Zugspitzplateau ist man dem Himmel ein gutes Stück näher

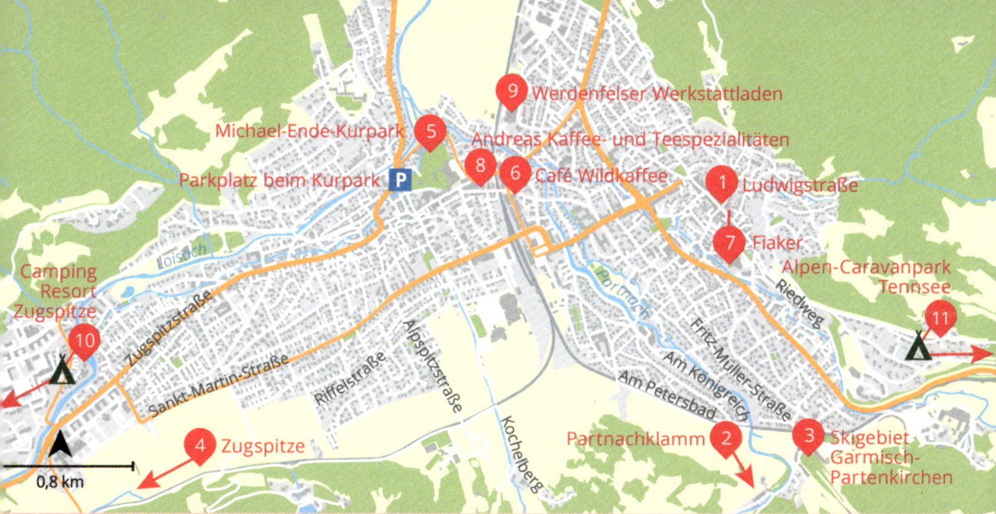

fos: Mo–Do 9–14, Fr bis 16, Sa 10–13 Uhr | Chamonixstr. 14 | GaPa

9 Ein Lieblingsstück von besonderen Menschen

Was Kinder, Jugendliche und Erwachsene mit geistiger Behinderung Tolles schaffen, ist im **Werdenfelser Werkstattladen** zu bestaunen. Vor allem Holz wird kreativ eingesetzt. Ob das klassische Brotzeitbrettl, Bilderrahmen aus Altholz und Spielzeug für die Liebsten, das Sortiment ist klasse. ***Infos:*** *Mo–Fr 8–12, 13–16 Uhr | Dompfaffstr. 3 | GaPa*

STELL- & CAMPINGPLÄTZE

10 Hier fehlt es an nix

Der Blick auf das **Alpenpanorama** ist grandios, genau wie die Ausstattung des beliebten Campingplatzes. Nach einem erlebnisreichen Tag kannst du dich mit Sauna oder einer Massage verwöhnen (lassen). Für Vierbeiner gibt es sogar eine Hundedusche. Das angeschlossene Bistro bietet Frühstück, Kaffee und Kuchen sowie rustikale Grillabende.

Camping Resort Zugspitze

€€€ | Griesenerstr. 9 | 82491 Grainau
Tel. +49 8821 9 43 91 15 | perfect-camping.de
GPS: 47.477927607592, 11.052653789520

▸ **Größe:** *120 Stellplätze, auch Vermietung von bayrischen Berghütten und Schlaffässern*

11 Entschleunigung mit Extras

In einer wahren Naturidylle am kleinen **Tennsee** (13 km westl. von GaPa) liegt dieser Platz eingebettet zwischen See und Bergen. Falls es mal regnet, macht das gar nichts, denn für Kinder und Jugendliche gibt es Aufenthaltsräume und Spielzimmer. Und noch ein dickes Extra: Man kann geräumige und komfortable **Badezimmer** mit allem Drum und Dran mieten. Im Restaurant isst du gut und zünftig. Der Platz ist ganzjährig geöffnet.

Alpen-Caravanpark Tennsee

€€ | Am Tennsee 1 | 82494 Krün
Tel. +49 8825 1 70 | camping-tennsee.de
GPS: 47.490355, 11.255384

▸ **Größe:** *37 Stellplätze*

Chiemsee
Urlaubsfeeling am Bayrischen Meer

Bootsstege und Fischerhäfen, Strandbäder und Surfschulen, verträumte Buchten, eine Insel für Frauen und eine für Herren – am „Bayrischen Meer" bestimmt das Wasser den Rhythmus des Lebens. Einfach mitschippern! Am drittgrößten See Deutschlands ist immer was los. Seine knapp 80 km² sind geradezu perfekt für den lang ersehnten Ballonflug, Inselhopping oder eine Radtour um den See, die Chiemgauer Berge stets im Blick. Kein Wunder, dass sich so viele Maler vom Chiemsee inspiriert fühlten.

P *Fast jeder Ort am Chiemsee hat einen großen Parkplatz, an dem es meist auch einen Fahrradverleih gibt.*

LEINEN LOS

Früh in Bernau zum Bootsverleih und lospaddeln, dann schafft ihr die drei Inseln im See an einem Tag

AKTIVITÄTEN & SIGHTSEEING

1 Inselhopping im Paddelboot

Eine Paddeltour über die drei Inseln ist ein Tagestrip. Ein guter **Start** ist am Kajakverleih Chiemsee in Bernau. Bis zur kleinen **Fraueninsel** sind es ca. 5 km, die du ohne Gegenwind in gut 1 Std. erreichst. Am kleinen Strand neben dem Anlegesteg an der Südspitze kannst du anlanden. Eine Attraktion ist das mittelalterliche Nonnenkloster Frauenwörth *(tgl. 10–17.30 Uhr)*, aber auch das Fischerdorf Frauenchiemsee mit Cafés, Töpfereien und Galerien ist idyllisch. Einen Katzensprung entfernt liegt die **Krautinsel,** die von Schiffen nicht angefahren wird. Alleinsein, durchatmen. Auf der größten Insel **Herrenchiemsee** kannst du in der Nähe des Hauptpiers anlegen oder an der Südostspitze bei Paul's Ruh. Viele Wege führen durch den Wald zum Kloster mit Biergarten und zum Neuen Schloss, das König Ludwig II. nach dem Vorbild von Versailles erbauen ließ. Am späten Nachmittag leert sich die Insel – der perfekte Moment für eine Erkundungstour. ***Infos:*** *Kajakverleih Chiemsee | Mai–Okt. tgl. 10–19 Uhr | Rasthausstr. 29 | Bernau | kajakverleih-chiemsee.de*

2 Rundherum per Drahtesel

Der 67 km lange **Chiemsee-Radweg** führt einmal um den See und ist gut ausgeschildert. Im Gegensatz zum 55 km langen Chiemsee-Rundweg, der für Fußgänger gedacht ist und nah am Ufer entlanggeführt, verläuft der Radweg auf einer Anhöhe. Wer mit Womo und Rad bis an den See will, hat am **Parkplatz Badehaus** in Bernau *(Rasthausstr. 11)* einen guten Startpunkt samt Fahrradverleih. Im Uhrzeigersinn geht es vorbei an Prien und Breitbrunn. Hier wurde der Uferweg über die Halbinsel Urfahrn für Radfahrer gesperrt, wer den besten **Blick auf Herrenchiemsee** genießen will, muss zum Ufer laufen. Weiter, vorbei an Gstadt und Chieming ist bald die Hirschauer Bucht erreicht – das **Mündungsdelta des Tiroler Achen,** das größte Binnendelta Europas! Erst auf den Vogelbeobachtungsturm *(GPS: 47.859118, 12.518598)* und dann im Wirtshaus zur Hirschauer Bucht *(Grabenstätt)* eine Pause einlegen. Weiter geht's über das **Hochmoor Kendlmühlfilzen,** ein Naturschutzgebiet, wo einst Torf abgebaut wurde. Ohne Pausen bist du jetzt ca. 5 Stunden unterwegs. ***Infos:*** *chiemseeringlinie.de | von allen Orten*

REGENTAG – UND NUN?

3 Chiemsee-Maler

Eine tolle Sammlung von Bildern der Chiemsee-Maler hat das **Heimatmuseum in Prien,** darunter ein Werk von Max Haushofer (1811–1866), dem Pionier der Chiemsee-Maler. Durch seine Erzählungen vom Chiemsee kamen immer mehr Künstler an den See und viele blieben. Bis heute. ***Infos:*** *April–Okt. Di–So 14–17 Uhr | Valdagnoplatz 1 | Prien | Prienmuseum-prien.de*

am See fahren Schiffe zurück nach Prien oder Bernau (s. auch Insider-Tipp).

Von der Nordseite des Sees sind die Chiemgauer Alpen mit im Bild. Der Beobachtungsturm Ganszipfel eignet sich perfekt (GPS: 47.876131, 12.408390).

Insider-Tipp

Mach's kürzer

Die Tour kannst du jederzeit mit dem Radlbus (Ringbuslinie) oder Schiff abkürzen, wenn dir die Puste ausgeht oder die Kids keine Lust mehr haben (Pfingsten–Anfang Okt. | chiemseeringlinie.de).

4 Alpakawandern am Chiemsee

Die Hand im weichen Fell und Auge in Auge mit einem Alpaka zu spazieren, ist Balsam für die Seele – so sagen viele. Am besten ausprobieren und mit Suki, Layla und den anderen vom **Alpakahof Hasenöhrl** durch Wald und Wiesen spazieren. Wem es gefällt, der bleibt und nächtigt in der wunderschönen Ferienwohnung. ***Infos:*** *45 Min. ab 19 € | Eglseerstr. 12 | Sondermoning | alpakas-am-chiemsee.de*

5 Im Heißluftballon über den Chiemsee schweben

Wolfi und Hans von **Chiemsee-Ballooning** sind entspannte Gesellen, die euch auch die letzte Nervosität nehmen. Gemeinsam wird der Korb vorbereitet und der Ballon in Position gebracht. Und dann – frei fühlen. ***Infos:*** *Aschauer Str. 5 | Bernau | chiemseeballooning.de*

ESSEN & TRINKEN

6 Backerl am Kachelofen

In **Mesner Stub'n** wird bayrische Gastlichkeit gelebt. Im urigen Ambiente mit schönen Kachelöfen fühlt man sich sofort wohl. Und die bayrische *Kuchl* sucht ihresgleichen. Ein Gedicht sind die langsam geschmorten Rinderbackerl. *Gscheid* bayrisch! ***Infos:*** *Mo–Fr 15–22, Sa/So 11–22 Uhr | Urschalling 4 | Prien | Tel. +49 8051 39 71 | mesnerstubn.de*

7 Fisch mit Aussicht

Heid amoi koa Fleisch. Heute gibt es Fisch, frisch. Morgens noch im Chiemsee, abends auf dem Teller. Das **Restaurant Fischerei Minholz** liegt herrlich, direkt am Chiemsee. Was für ein Blick! Ein schöner Biergarten nebst Spielplatz für die Kleinen lädt zum Verweilen. Die Chiemsee-Renke mit Mandelbutter muss man einfach probieren! Und unbedingt einen Tisch vorbestellen. ***Infos:*** *Mi–So 11.30–22 Uhr | Birkenallee 48 | Bernau | Tel. +49 8051 6 01 90 51 | fischerei-minholz.de*

EINKAUFEN

8 Fischerei Thomas Florian Lex

Seit sechs Generationen fischt der kleine Familienbetrieb im Chiemsee. Prominente Köche wissen um die Qualität der Fischerei. Eine frische Semmel mit geräuchertem Renkenfilet macht den Ausflug auf die Insel unvergesslich. Für zu Hause gibt es Renken nach Matjesart im Glas. Unbedingt vorbei-

schauen. ***Infos:*** *tgl. 10.30–16 Uhr | Haus 31 | Frauenchiemsee | fischerei-lex.de*

9 Servus Heimat

Von originell bis außergewöhnlich. Vom Kitsch bis zum Klassiker. Wer ein Souvenir an den Bayernurlaub oder für die Daheimgebliebenen sucht, ist hier richtig. Es gibt Kleidung, Bücher, Kulinarik und vieles mehr. Alles bayrisch! ***Infos:*** *Mo–Fr 9.30–18, Sa bis 16 Uhr | Bernauer Str. 3 | Prien | servusheimat.com*

STELL- & CAMPINGPLÄTZE

10 Zwischen See und Übersee

Der Campingplatz liegt direkt am **Südufer** des Chiemsees, 4 km vom Ferienort Übersee entfernt. Im Schatten großer Bäume kannst du entspannt Segelbooten zusehen, im nahen Segelclub es auch selbst einmal probieren. Eigener Strandzugang mit Liegewiese, FKK-Strand um die Ecke. Trotz der Größe des Geländes herrscht eine entspannte Ruhe. Kiosk, Gaststätte und Bootsverleih vertreiben Hunger und Langeweile. Hunde sind hier allerdings nicht mehr willkommen.

Chiemsee Camping Rödlgries

€€€ | Rödlgries 1 | 83236 Übersee
Tel. +49 8642 4 70 | chiemsee-camping.de
GPS: 47.841232, 12.471936

▶ **Größe:** ***330 Stellplätze***

11 Sport frei

Ausgezeichneter Wohnmobilstellplatz, klein, gepflegt und herrlich ruhig am Südrand von **Bernau**, 3 km vom Chiemsee entfernt. Angeschlossen ist eine Kletter-, Tennis- und Squashhalle. Mit Kindern ist ein Blick ins Modellautomuseum interessant, das sich ebenfalls auf dem Platz befindet (Sa/So geöffnet). Keine Reservierung, keine Wohnwagen möglich.

Wohnmobil-Stellplatz am Tenniszentrum

€€ | Buchenstr. 17 | 83233 Bernau
Tel. +49 8051 88 22 | tenniszentrum-bernau.de
GPS: 47.809154, 12.382189

▶ **Größe:** ***30 Stellplätze***

Königssee
Zu schön, um nicht da zu sein

Blaugrün schimmert der Gebirgssee, umrahmt von steil aufragenden Felswänden, grünen Almwiesen, imposanten Bergspitzen. Der größte Teil des Königssees liegt im Nationalpark Berchtesgadener Land. An seiner tiefsten Stelle misst er beeindruckende 190 m. Das kleine Städtchen Schönau am nördlichen Ufer ist der Ausgangspunkt für Ausflüge um und auf dem See. Der ca. 50 km lange Seerundweg ist wunderschön, aber anspruchsvoll. Man kann auch bequem und entspannt über den See schippern.

P *Zentral ist der Parkplatz Königssee in der Seestr. 3.*

BROTZEIT

Zur Fischunkelalm am Obersee kommt man nur zu Fuß – unvergesslich als Ziel oder Zwischenetappe

AKTIVITÄTEN & SIGHTSEEING

1 Zur Fischunkelalm wandern

Per Schiff geht es zunächst bis zum Ende des Königsees nach **Salet** und anschließend 20 Min. zu Fuß zum **Obersee,** der von den Felswänden des Watzmannmassivs eingerahmt wird. Eine Moräne, der Geröllwall eines Gletschers, trennt ihn vom Königssee. Klar, grün und ruhig liegt der Obersee vor dir und lässt den Alltag vergessen, so schön ist der Anblick. Am Westufer führt ein 1,7 km langer Wanderweg zur **Fischunkelalm,** teils über steile Felsstufen mit Halteseilen, die vor allem bei Regen nützlich sind. Danach kommt die Brotzeit auf der Alm gerade recht. ***Infos:*** *Fischunkelalm | Juni–Okt. 10–16.30 Uhr | Tel. +49 8652 55 49 | seenschifffahrt.de/de/koenigssee | Fahrplan Fähren s. Webseite*

Insider-Tipp
Rekordhalter ums Eck

Noch mal 2,2 km weiter erreichst du Deutschlands höchsten Wasserfall, den 470 m hohen Röthbachfall. Ein wunderbares Tourziel!

2 Adrenalin pur mit Fly Tandem Paraglyding

In Adlerperspektive über den Königssee schweben – oh ja, das hat was. Der Blick richtet sich gebannt auf die Berge und das Wasser. Mit dem lustigen und professionellen Team um Wolfgang und Christian fühlt man sich rundum in guten Händen. ***Infos:*** *tgl. 8–18 Uhr | Jennerbahnstr. 18 | Schönau | flytandem.at*

3 Im Gänsemarsch die Wimbachklamm entdecken

Nur 7 km von Schönau entfernt liegt das Naturspektakel im Nationalpark Berchtesgaden. Tosend schneidet sich der Wimbach seit Millionen von Jahren durch die Gesteinsschichten. Auf atemraubenden 200 m wanderst du durch die enge Klamm über abenteuerliche Holzstege und Brücken. ***Infos:*** *Mai–Okt. 7–19 Uhr | 2,50 € | Wimbachklamm 24 | Ramsau | wimbachklamm.business.site*

4 Nervenkitzel im Rennbobtaxi

Crazy, was so möglich ist. Ein Rennbobfahrer nimmt dich auf der **Weltcupstrecke** der Kunsteisbahn bei Berchtesgaden mit auf die wilde Fahrt im Bob, der mit bis zu 120 km/h die Kurven der Bobbahn entlangrast. Unten angekom-

REGENTAG – UND NUN?

5 Ab in die Tiefe im Salzbergwerk

Das Bergwerk liegt nur 5 km nördlich von Schönau. Mit der Grubenbahn zuckelst du 650 m tief in den Berg hinein. Mit Rutschen und Floß geht es weiter. Die kurzweilige Führung über die Arbeit unter Tage dauert ca. 60 Minuten. Warme Kleidung und festes Schuhwerk sind angesagt. Einen Overall stellt das Werk bereit. ***Infos:*** *tgl. 9–17 Uhr | 18,50 €, Tickets nur online | Bergwerkstr. 83 | Berchtesgaden | salzbergwerk.de*

men, sorgt die Dosis Adrenalin, getankt in nur 60 Sekunden Fahrspaß, noch mehrere Tage für gute Laune. ***Infos:*** *Okt.–März | Riesenbichl 1 | Ramsau | rennbob-taxi.com*

ESSEN & TRINKEN

6 Biergarten mit Aussicht

Der urige **Berggasthof Vorderbrand** hoch oben auf knapp 1000 m Höhe und 4,5 km östlich von Schönau, ist mit dem Wohnmobil schnell erreicht. Er bietet nicht nur einen grandiosen Blick auf die Berchtesgadener Bergwelt – auch die deftige Kost ist super. Neben bayrischen Klassikern gibt es eine gute Steakauswahl. Ein Gläschen Enzianschnaps nach dem Essen und es ist schnell verdaut. Im Biergarten sitzt man herrlich und hat die Kinder auf dem Spielplatz im Blick. ***Infos:*** *tgl. 10–22 Uhr | Vorderbrandstr. 91 | Schönau | Tel. +49 8652 20 58 | gasthof-vorderbrand.de | €€*

7 Hausmusik an Fisch und Wild

Die perfekte Einkehr nach einem Ausflug zur Wimbachklamm ist das **Wirtshaus Hocheck.** Die bodenständige Küche mit vielen regionalen und saisonalen Schmankerl ist sehr beliebt. Klasse Wildauswahl und selbst geräucherte Fische, Saibling und Forelle – alles *sau-guad.* Ab und an gibt es abends Hausmusik. Unbedingt reservieren! ***Infos:*** *Mi–So 11.30–22 Uhr | Wimbachweg 5 | Ramsau | Tel. +49 8657 1 39 60 24 | wirtshaus-hocheck.de | €€*

EINKAUFEN

8 Das ganze Jahr Weihnachten

Das Familienunternehmen **Schönauer Krippenställe** bietet seit über 30 Jahren ganzjährig Holzschnitzereien,

OSCARREIF

Bei diesem Womoblick auf den Königssee schaffen es sogar Nachteulen, früh aufzustehen

Krippen und Krippenzubehör für Bastler an. Im Laden fühlst du dich gleich wie zur Weihnachtszeit – selbst im Hochsommer. ***Infos:*** *Mo–Fr 8–12.30, 14–18, Sa 8–12.30 Uhr | Oberschönauer Str. 25 | Schönau | krippen-koll.de*

9 Gesalzene Erinnerung

Ein echt salziges Erlebnis ist der Besuch im Souvenirshop **Salz und Körper,** den du gleich mit einem Bummel durch die hübsche Salzstadt Bad Reichenhall verbinden kannst. Neben besonderen Salzen für die Küche gibt es viele Naturprodukte im Beautybereich. Ergänzt wird das Sortiment um typisch regionale Mitbringsel. ***Infos:*** *Mo–Sa 10–18 Uhr | Salzburger Str. 2 | Bad Reichenhall*

STELL- & CAMPINGPLÄTZE

10 Deluxe-Camping mit Watzmannblick

Hier stimmt einfach alles. Die Stellplätze des **5-Sterne-Camping-Resorts** sind wunderbar arrangiert, einige haben sogar Watzmannblick! Im Sommer spenden Bäume Schatten. Fantastische Ausstattung mit beheiztem Außenpool, Saunalandschaft und breitem Wellnessangebot. Ganzjährig.

Camping Resort Allweglehen

€€€ | Allweggasse 4 | 83471 Berchtesgaden
Tel. +49 8652 23 96 | allweglehen.de
GPS: 47.647446, 13.040031

▶ **Größe:** *150 Stellplätze, auch Vermietung von Chalets, Lodges und Schlaffässern*

11 Natur pur

Ruhig und herrlich eingebettet in die traumhafte Natur liegt dieser Platz fernab vom Trubel des zunehmenden Tourismus. Die Ausstattung ist auf der Höhe der Zeit – sogar mit E-Bike-Verleih. Zahlreiche Wanderrouten führen von hier aus in die fantastische Bergwelt. Ein gutes Restaurant ist nur 500 m entfernt, bis Ramsau sind es 5 km. Da der Platz sehr beliebt ist, unbedingt rechtzeitig reservieren!

Camping Simonhof

€€€ | Alte Reichenhaller Str. 110 | 83436 Ramsau
Tel. +49 8657 2 84 | camping-simonhof.de
GPS: 47.626497, 12.869037

▶ **Größe:** *110 Stellplätze*

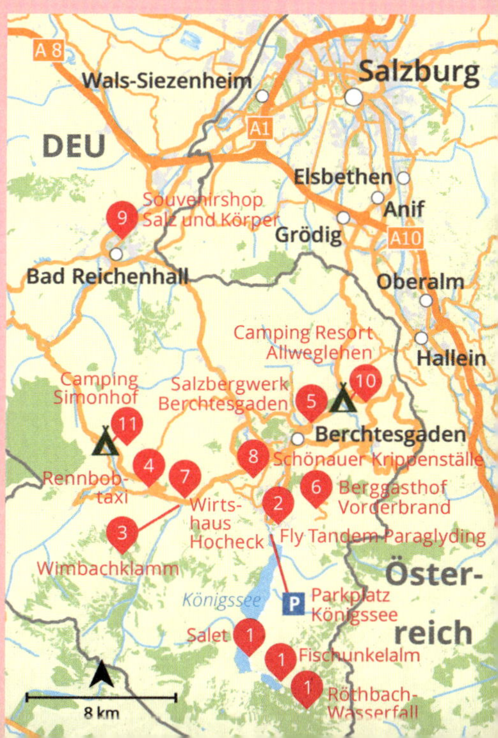

FELSEN, BURGEN, WEIN

Das Fränkische Schweiz Museum in Tüchersfeld hätte keinen besseren Platz finden können: ein Fachwerkhaus vor Felsgiganten aus der Jurazeit

Historische Städte, tiefe Höhlen und köstliche Tropfen
Ab durch Franken: Von Würzburg bis Bamberg

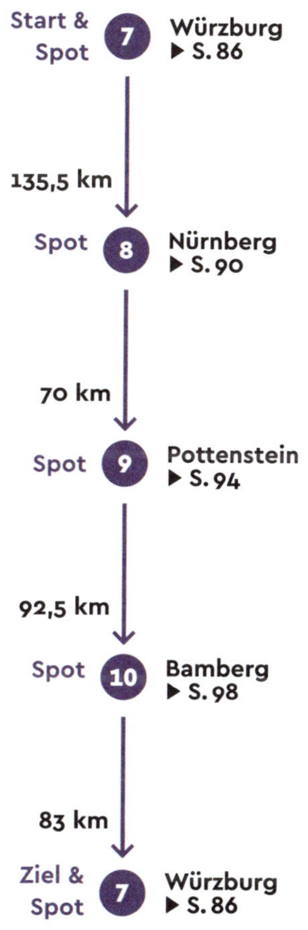

Wenn du auf schicke Altstädte und liebliche Landschaften stehst, gutes Bier oder edlen Wein zu schätzen weißt, dann ist Franken dein Revier! In Aufseß kannst du dich sogar auf eine Bierwanderung begeben. In historischen Städten wie Würzburg, Nürnberg und Bamberg ist Stadtbummeln durch enge Gassen und weitläufige Residenzparks angesagt. Zwischen diesen Architekturschönheiten liegt die Fränkische Schweiz mit ihren sanften Hügeln und Wäldern, aber auch schroffen Felsen, urigen Höhlen und Burgruinen.

Tour C im Überblick

Tour-Highlights
In *Sommerhausen* durch Künstlerhöfe schlendern ▶ S. 76
Franken kann auch Bier. Ob's stimmt, kann auf dem Brauereien-Rundwanderweg bei *Aufseß überprüft werden* ▶ S. 84
Im Kanu durchs idyllische Wiesenttal mäandern ▶ S. 95
Unter steilen Felsen schlafen auf dem *Campingplatz Bärenschlucht* ▶ S. 97
Im Boot die historische *Altstadt von Bamberg* erkunden ▶ S. 99
Bamberg Seite 98
Pottenstein Seite 94
Nürnberg Seite 90
Heckenhof Kathi Bräu
Aufseß
Bayreuth
Brennerei Schulmühle
Dampfbahn Fränkische Schweiz
Streitberg
Burg Gößweinstein
Naturpark Haßberge
Naturpark Fränkische Schweiz
Schalkau
Bad Rodach
Coburg
Ebersdorf bei Coburg
Seßlach
Lichtenfels
Bad Staffelstein
Ebern
Zeil am Main
Baunach
Scheßlitz
Waischenfeld
Creußen
Höchstadt an der Aisch
Baiersdorf
Erlangen
Gräfenberg
Herzogenaurach
Eckental
Schnaittach
Langenzenn
Fürth
Hersbruck
Cadolzburg
Sulzbach-Rosenberg
Dietenhofen
Feucht
Schwabach
Wendelstein
Heilsbronn
Neuendettelsau
Pyrbaum
Neumarkt in der Oberpfalz
Regnitz
A 73
A 70
A 9
A 6
A 3
B 8
B 2
10
9
8

Tourenverlauf

Start & Spot 

Würzburg
Historische Residenzstadt am Main ▶ S. 86

13,5 km Von Würzburg sind es über die Schnellstraße B13 in Richtung Ochsenfurt nur 15 Minuten Fahrt bis zum ersten Zwischenstopp.

Sommerhausen

Wow – was für ein Ort! Wer nicht genug von Kopfsteinpflaster, alten Torbögen und Häusern aus Fachwerk oder Natursteinen bekommen kann, muss in Sommerhausen durch die Gassen schlendern. Ein Haus ist schöner als das nächste, alle blumengeschmückt oder weinberankt. Viele Künstler haben in dem 1600-Einwohner-Ort ihre Ateliers und lassen sich bei den **Kunsttagen** *(Juni)*, Weinfesten *(Mai–Aug.)* und dem **Töpfermarkt** *(Sept.)* bei ihrer Arbeit über die Schulter gucken. Lust auf Wein? Gemütliche Schänken gibt es genug. Am gegenüberliegenden Ufer des Mains liegt übrigens Winterhausen. Die kuriosen Namen verdanken die Orte ihren Kirchenpatronen. So hat der Sommerhäuser Kirchenpatron Bartholomäus seinen Gedenktag im Sommer *(24. Aug.)*, der Winterhäuser Nikolaus seinen im Winter *(6. Dez.)*.

P *Gleich am Mainufer gibt es einen langgestreckten öffentlichen Parkplatz beim Hotel Anker (ausgeschildert).*

In Sommerhausens Torturmtheater trifft ein einmaliges Setting auf spannende Inszenierungen (torturmtheater.de). Ein Wallfahrtsort für Schauspielfans!

42 km Es geht nun auf der B13 über Ochsenfurt nach Oberickelsheim, wo du am Ortsende die Bundesstraße verlässt und nach rechts auf die Rodheimer Straße abbiegst (Schilder nach Rodheim). Dieser Landstraße folgst du durch eine Landschaft aus Feldern und Wiesen bis zum nächsten Highlight.

Rothenburg ob der Tauber

Weißer Turm, Siebersturm, Markusturm – ob du's glaubst oder nicht: das sind nur drei von 42 Türmen im mittelalterlichen Rothenburg. Der Grund für den Türmereichtum: Die alte Stadtmauer ist fast vollständig über eine Länge von 4 km rund um die Altstadt erhalten. Und begehbar! Der sog. **Rothenburger Turmweg** auf und entlang der Mauer dauert ca. 2,5 Std. und führt über die Wolfgangskirche und den Burggarten bis ins Spitalviertel. Im **Röderturm,** einem von nur zwei begehbaren Türmen Rothenburgs, führen 100 Stufen hinauf zur Aussichtsplattform sowie einer Ausstellung, die den Wiederaufbau des im Krieg stark zerstörten Turms und des Viertels nach 1945 dokumentiert. Auf dem Turmweg erzählen mehrere Stationen von der Geschichte der Stadt. Am besten einfach treiben lassen.

i *jederzeit zugänglich | Röderturm mit Ausstellung 2 € | Turmwegbroschüre erhältlich bei der Touristinfo am Marktplatz 2.*

P *Beim Galgentor befindet sich ein großer Parkplatz mit öffentlicher Toilette. Guter Ausgangspunkt.*

Vom Rathausturm (Jan.–März und Nov. Sa/So 12–15 Uhr, April–Okt. tgl. 9.30–12.30, 13–17 Uhr |2,50 € | Marktplatz 1) ist der Blick über die Altstadt vor allem im Abendsonnenlicht fantastisch. Das ist die 200 Stufen Aufstieg wert.

Insider-Tipp

Noch nie was von Schneeballen gehört?

Dann ran an die runden Kugeln aus Mürbeteig, die mit Puderzucker bestäubt oder mit Leckereien wie Marzipan, Nüssen oder Nougat gefüllt sind. Mhmm!

42

Keine Hausnummer, sondern die Anzahl der Türme in Rothenburg

ROMANTISCH VERANLAGT?

Dann steig in den Dampfzug Fränkische Schweiz und zuckle durchs idyllische Wiesenttal

80 km Auf der St2250 geht es zunächst nach Lehrberg, dort auf der B13 weiter nach Ansbach. Hier wechselt ihr auf die B14, die über Heilsbronn schließlich nach Nürnberg führt.

Spot 

Nürnberg

Mittelalterflair in der beliebtesten kleinen Großstadt Bayerns ▶ **S. 90**

44 km Um aus Nürnberg herauszukommen, fahrt ihr zunächst ein Stück die B4 entlang, nehmt nach knapp 11 km die Ausfahrt Gräfenberg/Erlangen-Ost und im Kreisverkehr die zweite Ausfahrt. Dieser Landstraße folgt ihr nun im Dörferhopping immer geradeaus mitten hinein in die Fränkische Schweiz. Ihren Namen verdankt die wunderschöne Gegend ihren Bergen, Tälern und Felsen. Nach einer Stunde ist Ebermannstadt erreicht.

Fahrt mit dem Dampfzug Fränkische Schweiz ab Ebermannstadt

In Ebermannstadt bleibt das Womo stehen und du steigst um auf ein nostalgisches Transportmittel: Mit einer Dampflok oder historischen

Diesellok geht es in 45 Minuten durch das schöne **Wiesenttal** bis zur **Behringersmühle** in Gößweinstein. Auf der Fahrt kannst du auf dem kleinen Außenplateau der Bahnwagen die Nase in den Wind halten, während die Natur im Zuckelmodus vorbeizieht. Auch Fahrräder können transportiert werden. Angekommen, lohnt sich ein Besuch der Burg Gößweinstein (s. S. 81) oder auf einen der vielen **Aussichtspunkte** – wie Ludwigshöhe oder Gernerfels – zu kraxeln, bis die Lok wieder zurück nach Ebermannstadt dampft.

i *Dampfbahn Fränkische Schweiz e. V. | Juni–Ende Okt. So/Fei 3 x tgl. | Hin-und Rückfahrt 14 €, Kinder (6–14 J.) 7 € | Bahnhofsplatz 1 | Ebermannstadt | dampfbahn.net*

P *Parkplätze befinden sich wenige Meter nördlich vom Bahnhof in Ebermannstadt entlang der Bahnhofstraße.*

5 km Hinter Ebermannstadt beginnt das romantische **Wiesenttal** entlang des Flüsschens Wiesent. Um auf der schönsten Strecke zu fahren, biegst du in Ebermannstadt hinter dem Rewe rechts ab. Nach 750 m kommt eine Bushaltestelle, wo es links ab auf die Rothenbühler Straße geht. Nach 5 km ist Streitberg erreicht, der Ausgangspunkt für mehrere Entdeckungen.

Streitberg

Der – neben Muggendorf – älteste Luftkurort der Fränkischen Schweiz ist mit dem gewundenen Wiesentflüsschen und den hoch über dem Tal gelegenen Burgen so romantisch wie ein Dorf im Märchenbuch. In und um den Ort gibt es viel zu erleben.

P *Es bestehen mehrere Optionen: Vor der Binghöhle und vor der Streitburg gibt es jeweils einen Parkplatz. Wenn ihr euch ein bisschen die Beine vertreten wollt und den Aufstieg zu Burg und Höhle über den Höhlenweg nehmt, könnt ihr unten am Schwimmbad parken (1,2 km). Hier beginnt auch der Wanderweg zur Burgruine Neideck (1 km).*

Insider-Tipp

Die Urlaubskasse schonen

Wer den Meldeschein seines Campingplatzes an einer der Touristinfos vorzeigt, erhält die ErlebnisCard Fränkische Schweiz und spart mindestens 10 % Eintritt in vielen Sehenswürdigkeiten (fraenkische-schweiz.com).

Binghöhle
Jahrtausendelang gewachsene Stalagmiten und Stalaktiten haben unter der Erde auf jenen Tag gewartet, an dem der wohlhabende jüdische Kaufmann Ignaz Bing 1905 während einer Suche nach prähistorischen Artefakten auf den Höhleneingang stieß. Fasziniert von den riesigen unterirdischen **Tropfsteingalerien** kaufte er das Grundstück um den Eingangsbereich und eröffnete die Höhle schon ein Jahr später für Besucher. Da in der Höhle das ganze Jahr über nur eine Temperatur von 9 °C herrscht, sollte man auch im Hochsommer eine Jacke einpacken. Um Wartezeiten zu vermeiden, kann man sich telefonisch – auch spontan – anmelden.

i *April–8. Nov. tgl. 10–17 Uhr | 5 €, Kinder (4–14 J.) 3 € | Wiesental, OT Streitberg | Tel. +49 9196 3 40 | binghoehle.de*

Streitburg
Im Mittelalter eine trutzige Burg, die viele Kriege, Revolten und Lehnsträger miterlebte, ist von der Streitburg heute nicht mehr allzu viel übrig, da sie von den Streitbergern zu Beginn des 19. Jhs. als Steinbruch genutzt wurde. So manches Haus im Ort dürfte alte Burgsteine im Fundament verbuddelt haben. Dennoch – der Blick von der Ruine hinunter ins Wiesenttal ist den Aufstieg wert.

i *jederzeit zugänglich | Eintritt frei | Streitburg 5| Wiesental, OT Streitberg*

Burgruine Neideck
Sie ist das Wahrzeichen der Fränkischen Schweiz und thront von weitem sichtbar auf einem markanten Felsen über dem Wiesenttal. Der kurze Wanderweg hinauf macht den Kopf frei. Oben angekommen, warten der alte Wohnturm zum Herumstromern und eine fantastische Aussicht.

i *jederzeit zugänglich | Eintritt frei*

12,5 km Auf dem kurzen Streckenabschnitt nach Gößweinstein liegen rechts und links der B470 immer wieder Karsthöhlen und bizarre Gesteinsformationen, wie die Rosenmüllerhöhle, die gigantische Riesenburgversturzhöhle und das Quackenschloss, eine Galeriehöhle, deren Name von eingeschlossenen Versteinerungen, den sogenannten Quacken, herrührt. Sie alle verbindet ein **Höhlenrundwanderweg** mit Start in **Muggendorf,** das direkt an der Strecke liegt.

Burg Gößweinstein

Noch so eine Perle, die außerdem Eingang in eine Oper fand, erzählen Einheimische doch gern, dass der berühmte Komponist Richard Wagner Burg Gößweinstein zum Vorbild für die Gralsburg in seinem „Parsifal" benutzte. Ob Oper oder nicht, das denkmalgeschützte Schlösschen ist ein Schmankerl des Mittelalters und befindet sich heute in Privatbesitz der Familie Layritz aus Gößweinstein. Viele originalgetreue Räume sind zu besichtigen und das kleine **Museum** zeigt Fundstücke der Burganlage. Im Ort Gößweinstein selbst lohnt sich neben einem Abstecher auf die vielen Aussichtsfelsen ein Besuch im romantischen **Klostergarten,** im Sommer bietet das kostenfreie **Naturschwimmbad** *(tgl. 10–19 Uhr | Schützenstr. 1)* auf einer Anhöhe neben herrlicher Abkühlung auch einen tollen Blick.

i *Ostern–Okt. tgl. 10–18 Uhr | 4 €, Kinder (5–11 J.) 1 € | Burgstr. 30 | Gößweinstein | burg-goessweinstein.de*

Vom Aussichtspunkt Gernerfels (GPS: 49.768076, 11.336308) auf dem 520 m hohen Kreuzberg zeigt sich das beste Panorama von Gößweinstein samt Burg.

8,5 km | Nur noch ein Katzensprung weiter auf der B470, dann ist das nächste Ziel erreicht.

MIT WEITBLICK

Seit 1000 Jahren thront sie hoch über dem Wiesenttal: Burg Gössweinstein

LUST ZU WANDELN?

Bayreuth ist mehr als große Oper. In der Eremitage am Neuen Schloss dürfen heute alle den Wasserspielen lauschen

Spot 

Pottenstein

Wo der Teufel in Höhlen tanzt ▶ **S. 94**

26 km Von Pottenstein geht es über die romantischen Pottensteiner und Geseeser Landstraßen gen Norden über Hummeltal und Gesees nach Bayreuth.

Bayreuth

Wer kennt sie nicht – wenigstens vom Namen her-, die **Bayreuther Festspiele,** die jedes Jahr vom 25. Juli bis 28. August stattfinden. Komponist Richard Wagner hat sich mit diesem Theaterfestival, das er 1876 ins Leben rief, selbst ein Denkmal gesetzt, denn nur seine Werke werden gespielt. Neben dem **Festspielhaus** auf dem Grünen Hügel, dem Unesco-gekrönten **Opernhaus** und dem **Richard-Wagner-Museum** locken in der Universitätsstadt vor allem die wunderschönen **Parkanlagen** Eremitage und Hofgarten Bayreuth.

P *Ein gebührenfreier Stellplatz auch für sehr große Wohnmobile befindet sich in der Grünewaldstr. 3. Das Zentrum ist zu Fuß oder per ÖPNV erreichbar. Frischwasseranschluss, Grauwasser- und Chemie-WC-Entsorgung.*

Wandeln wie die Markgrafen

In wunderschönen historischen Gärten reist ihr in der Zeit zurück: Beim Spaziergang durch die herrschaftlichen Räume des **Alten Schlosses** (heute ein Museum) und der Parkanlage **Eremitage** mit Wasserspielen, Laubengängen, Sonnentempel und Theaterruine kann man die prächtigen Kleider der adligen Damen, die früher hier flanierten, regelrecht vor sich sehen. An Stelle eines Picknicks auf der grünen Wiese können Besucher heute im Café der **Orangerie** Platz nehmen und das historische Flair genießen. Der an das Neue Schloss angrenzende **Hofgarten** mit Kanälen, Alleen und weitläufigen Rasenflächen ist heute eine Erholungslandschaft inmitten der Stadt.

i *Altes Schloss tgl. April–Sept. 9–18, 1.–15. Okt. 10–16 Uhr, die Eremitage ist immer zugänglich | Führung (45 Min.) Altes Schloss und Hofgarten 4,50 €, ermäßigt 3,50 € | Eremitage 4 | Bayreuth | schloesser.bayern.de*

P *Parkplätze befinden sich am Eingang zum Park*

Alles rund ums Bier

Was ist Craftbier? Schmeckt es auch mit Schokolade? In **Maisel's Bier-Erlebnis-Welt** bekommt das flüssige Gold eine neue Dimension. In der Traditionsbrauerei wird während der Führung nicht nur der Brauprozess erklärt, sondern auch Gerstensaft verkostet. Im angeschlossenen Restaurant fließen 21 (!) Sorten Fassbier in Gläser und Krüge der Gäste.

i *tgl. 11–18 Uhr inkl. Audioguide 8 €, Kinder (6–18 J.) 6 €, Führungen (tgl. 14 und 18 Uhr) 10 €, Kinder 7 € | Andreas-Maisel-Weg 1 | Bayreuth | biererlebniswelt.de*

Auf Weltreise gehen im Ökologisch-Botanischen Garten

Die Universität Bayreuth zaubert den Dschungel der Tropen mitten in die Stadt: Im Ökologisch-Botanischen Garten finden auf 16 ha über 12 000 Pflanzenarten aus aller Herren Länder und Klimazonen Platz. Ob stacheliger Kapokbaum, Banyanbaum, in dem nach indischem Volksglauben Geister wohnen, oder koffeinreicher Kolabaum – hier bist du ruckzuck im Nebelwald Costa Ricas, in der Steppe Eurasiens oder in der Savanne Tansanias. Du darfst riechen, reiben, fühlen und sogar schmecken – die Welt liegt dir zu Füßen. Erst recht entlang des Barfußpfades, schließ am besten die Augen und lass' dich intensiv auf die verschiedenen Untergründe ein. Und ob du es glaubst oder nicht: Die Weltreise ist kostenlos!

Freigelände März–Okt. Mo–Fr 8–19, Sa/So 10–19, Nov.–Feb. Mo–Fr 8–16 und Sa/So 10–16 Uhr, Gewächshäuser ganzjährig So–Fr 10–15 Uhr | Universitätsstr. 30 | Bayreuth | obg.uni-bayreuth.de

29 km Von Bayreuth geht es wieder mitten hinein in die fränkische Bergwelt. Ein Stück B22 und hinter Eckersdorf am Kreisel weiter geradeaus, bietet sich nach knapp 30 km ein kulinarischer Stopp an.

Heckenhof Kathi Bräu

Falls ihr gerade Hunger habt, solltet ihr unbedingt in dem urigen Biergarten eine Pause einlegen. Seit über 500 Jahren gibt es das Gasthaus schon. Die Brotzeiten sind reichhaltig, das Hausbier ist einfach lecker!

Mo–Fr 11–21, Sa/So 9–19 Uhr | Heckenhof 1 | Aufseß | Tel. +49 9198 2 77 | kathibraeu.de | €

2 km Zurück zur Hauptstraße und links abgebogen, sieht man bereits die tolle Burgkulisse von Aufseß.

Aufseß

Romantischer geht's kaum. Über dem 350-Einwohner-Ort thront das weiß getünchte **Schloss Unteraufseß,** das man in einer geführten Tour besichtigen kann *(tgl. April–Okt. 11 und 14 Uhr | 4 €, Kinder bis 12 J. 2,50 € | schloss-unteraufsess.de)*. Mit seinen vier Brauereien ist das kleine Dorf Weltrekordhalter für die größte Brauereiendichte pro Einwohner und schaffte es damit ins Guinness-Buch der Rekorde. Kein Wunder, dass der **Brauereien-Rundwanderweg** hier startet. Wer alle vier Brauereien besucht hat, wird „Fränkischer Ehrenbiertrinker" *(auf sess.de/brauereienweg)*.

6,5 km Hinter Aufseß biegst du an der nächsten Möglichkeit links von der Bamberger Straße Richtung Neudorf ab. Nur 10 Minuten später kommt der nächste Stopp. Kurz vor Veilbronn rechts über die Brücke abbiegen.

Brennerei Schulmühle

Der Hofladen der in wunderschöner Natur gelegenen Schulmühle – eine alte Wassermühle, die gleichzeitig Dorfschule war – bietet Gelegenheit, als Souvenir ein Glas hausgemachte Marmelade, handgefertigte Pralinen oder selbstgemachte Edelobstbrände zu kaufen. Mühlenherrin Inge Blank berät gern ihre Kundschaft.

i 10–18.30 Uhr oder auf Anfrage | Schulmühle 14 | Veilbronn | Tel. +49 1 60 92 30 42 83 | schulmuehle.de

29 km | Über Heiligenstadt fährst du durch schönste Landschaft nach Bamberg.

Spot 

Bamberg
Sieben Hügel, viel Bier und jede Menge Kartoffeln ▶ **S. 98**

83 km | Über die B22 und die A3 ist es etwa eine Stunde Fahrt zurück zum Ausgangspunkt Würzburg. Bei größerem Zeitbudget und Muße packst du noch 5 km drauf und bleibst auf der B22. Sie führt durch viele typisch fränkische Dörfer. Am schönsten ist, nach gut der Hälfte der Strecke, **Volkach** an der Mainschleife. Anhalten, bummeln, genießen. Hier gibt es im Ortsteil Escherndorf auch einen schönen Campingplatz (s. S. 89).

Ziel & Spot 

Würzburg
Historische Residenzstadt am Main ▶ **S. 86**

SCHLARAFFENLAND

In Bamberg wachsen die Weinreben praktisch zum Fenster herein

Spot 7

Würzburg
Historische Residenzstadt am Main

Gemächlich bahnt sich der Main seinen Weg durch Würzburg, das neben der Residenz vor allem für seine vielen Weinstuben und Weingüter bekannt ist. Zwischen einem Glas Silvaner zum Mittag und einem fränkischen Rotling am Abend, lässt man sich durch die Gassen treiben, vorbei am Dom, über den Markt bis zur alten Mainbrücke. Hier mischt man sich bei einem Glas Brückenschoppen unter Einheimische und Touristen, während ein Brückenwächter darauf achtet, dass das Brückentreiben nicht zu bunt wird.

P *Perfekt ist der Wohnmobilstellplatz Friedensbrücke, Tagesticket 5 € (s. auch S. 89).*

UNESCO-WELTERBE

Die Würzburger Residenz gehört zu den bedeutendsten Barockschlössern Europas

AKTIVITÄTEN & SIGHTSEEING

1 Bocksbeutel mit Aussicht auf der Festung Marienberg

Die Ausmaße der Anlage mit **Burggraben** und **Fürstengarten** ist beeindruckend. Im Inneren erhellt das **Museum für Franken** die Geschichte Würzburgs und der Region. Der beste Platz für ein Picknick samt Bocksbeutel, einer in Franken typischen Weinflaschenform, ist die **Neutorwiese** am nördlichen Festungshang. Wow – diese Aussicht auf Main und Altstadt! Kein Wunder, dass die Festung als Kulisse für den Film „Die drei Musketiere" ausgewählt wurde. ***Infos:*** *Di–So 9–18 (Sommer), 10–16.30 (Winter) Uhr | Führung stdl., 4 €, Kinder 3 € | Museum für Franken 5 €, Kinder frei, € | museum-franken.de, schloesser.bayern.de*

2 Kanufahren auf dem Altmain

Den Fluss entlangschippern, rechts und links gleitet die Natur vorbei – ein herrliches! Der Altmain zwischen **Astheim** und **Schwarzenau** ist einer der schönsten Flussabschnitte bei Würzburg, auch die **Mainschleife** bei Volkach mit ihren Weinbergen ist idyllisch. Der Kanuverleih **Kanuta** bietet Touren mit Weinprobe oder anschließendem Grillen an. ***Infos:*** *tgl. 8–20 Uhr | Einstieg in Astheim: Mainstr. 19 | Volkach | Tel. +49 17 16 89 31 47 | kanuta.de*

3 Über den Steinweinpfad durch Weinberge wandern

Der 4 km lange **Panoramarundweg** führt entlang rosenstrauch-geschmückter Wege durch die Weinberge und bietet herrliche Ausblicke auf die Stadt. Los geht es z. B. am **Weingut Am Stein,** hier linksherum halten, um dem steilen Anstieg zu entgehen. Den Wegweisern folgend geht es durch die Weinberge. 25 **Infostelen** entlang des Pfads informieren über die Geschichte und Bedeutung des Weinbaus für die Region. ***Infos:*** *Weinbergführungen Sa 15 Uhr ab Weingut Am Stein, Dauer 2 Std., keine Anmeldung erforderlich | inkl. einem Glas Wein 9 € | Mittlerer Steinbergweg 5 | Würzburg | wuerzburger-steinweinpfad.de*

4 Mit dem Ausflugsdampfer über den Main tuckern

Bei einer **Dampferfahrt nach Veitshöchheim** ziehen Weinberge und Natur vorbei. Angekommen hast du Zeit, dir das

REGENTAG – UND NUN?

5 Auf den Spuren der X-Strahlen

Es war ein später Freitagabend am 8. November 1895, als Professor Dr. Wilhelm Conrad Röntgen im Physikalischen Institut der Uni Würzburg die X-Strahlen entdeckte. Neben einer spannenden Ausstellung zu seiner Vita kannst du in der **Röntgen-Gedächtnisstätte** sein Labor und den historischen Hörsaal des Physiknobelpreisträgers anschauen. ***Infos:*** *Mo–Fr 8–19, Sa bis 17 Uhr | Eintritt frei | Roentgenring 8 | Würzburg | wilhelmconradroentgen.de*

gleichnamige Rokokoschlösschen und den Hofgarten anzusehen, bevor der Dampfer wieder zurück nach Würzburg schippert. ***Infos:*** *mehrmals tgl. zur vollen Stunde | Hin- und Rückfahrt 13 €, Kinder (4–12 J.) 6,50, Familien 33 €, Fahrrad 2 € | Abfahrt in Würzburg am Kranenkai beim Brauerei-Gasthof Alter Kranen | mainschifffahrt.de*

ESSEN & TRINKEN

6 Angesagtester Biergarten

Zwischen bunt angepinselten Holzstühlen unter Kastanienbäumen und einem kreischend coolen Kinderspielplatz wird in der **Waldschänke Dornheim** Fassbier und Rhabarber-Rosmarin-Schorle ausgeschenkt. Und: Fast täglich gibt's Livemusik und irgendwelche Kunstaktionen. Abends verwandelt sich der Biergarten in einen der hipsten Clubs der Stadt. ***Infos:*** *Mo–Fr 15–1, Sa/So ab 12 Uhr | Talaveraplatz | Würzburg | Tel. +49 9314 6 77 99 33 | waldschaenke-dornheim.de | €*

Insider-Tipp
Besonders günstig essen
... Studies hier donnerstags – gilt für alle Speisen!

7 Taschen unter Bäumen essen

In dem rustikalen Traditionsbetrieb **Wirtshaus Lämmle** kommt deftige Küche zu schmackhaften Preisen auf den Tisch. Unter den großen Kastanien im Biergarten sitzt man herrlich und die vegetarischen Maultaschen sind der Hit. ***Infos:*** *Mo–Sa 11–23 Uhr | Marienplatz 5 | Würzburg | Tel. +49 931 5 47 48 | wirtshaus-laemmle.de | €€*

8 Mach's dir selbst

Wie in einem Bäck üblich, darf man sich im **Maulaffenbäck** bis 12 Uhr seine

PERFEKTE LAGE

Der Campingplatz Mainschleife liegt direkt am Flussufer

eigene Brotzeit mitbringen. Das zünftige Lokal serviert aber auch köstliche Weine und herzhafte Küche. ***Infos:*** *Mo–Sa 11–23 Uhr | Maulhardgasse 9 | Würzburg | Tel. +49 931 46 77 87 00 | maulaffenbaeck.info | €€*

EINKAUFEN

9 Typisch im Bocksbeutel

In der zentral gelegenen Weinhandlung kannst du hervorragende Weine des traditionsreichen **Weinguts Bürgerspital** probieren und erwerben – auch Bocksbeutel. Verkostet wird in der Vinothek mit angeschlossenem Weingarten. ***Infos:*** *Di–Sa 9–24, Mo bis 18, So 11–18 Uhr | Semmelstr. 2 | Würzburg | buergerspital.de*

10 Verweilen und Stöbern

Einer dieser Läden, Galerien und Studios, die in Versuchung führen. Im **Zeychen & Wunder** gibt es Originelles, Handgemachtes, Kurioses, Kitsch, Krims und Krams. Hier findest du mit Sicherheit das richtige Mitbringsel. ***Infos:*** *Mo–Fr 10–19, Sa bis 17 Uhr | Sanderstr. 31| Würzburg*

STELL- & CAMPINGPLÄTZE

11 Wunderschön am Main

Einfacher Stellplatz am Mainufer mit fantastischem Blick auf Fluss und Altstadt. Schattige Plätze am Ufer. 1 km Fußweg ins Zentrum, das Parkticket ist auch für den nahen ÖPNV nutzbar (Straßenbahn).

Stellplatz Friedensbrücke 

€ | Loc. Dreikronenstr. 2 | 97082 Würzburg
GPS: 49.798192, 9.9227788

▸ **Größe:** *30 Womoplätze auf großem Parkplatz*
▸ **Ausstattung:** *kein WC und keine Dusche*

12 Dörfliches Idyll

Herrlich ruhiger, familiengeführter Platz an der Mainschleife im hübschen **Weinort Escherndorf** (25 km von Würzburg) mit Badestelle am Fluss. Viele Bäume spenden Schatten, gutes Lokal mit Sonnenterrasse. Brötchenservice.

Campingplatz Mainschleife 

€€ | An der Güß 9a | 97332 Volkach-Escherndorf
campingplatz-mainschleife.de | info@campingplatz-mainschleife.de | GPS: 49.859034, 10.176675

▸ **Größe:** *100 Parzellen zu je 65 m²*

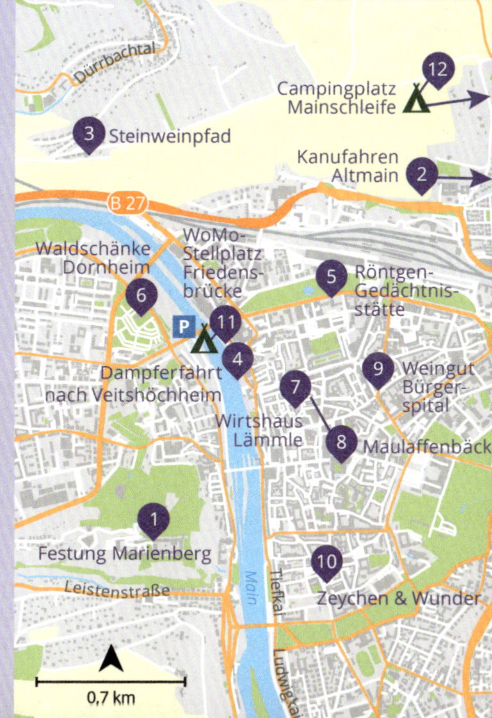

Spot 8

Nürnberg
Mittelalterflair in der beliebten kleineren Großstadt Bayerns

Immer mehr Menschen ziehen in die Frankenmetropole (knapp 520 000 Ew.), wie sich Bayerns zweitgrößte Stadt stolz nennt. Und es wäre zu schön: Man bummelt sorglos durch die mittelalterlichen Gassen mit all ihren Gasthäusern, Handwerksläden, Türmen und Brücken über die Pegnitz und probiert Streetfood am Wochenmarkt. Doch Nürnberg hat neben Fachwerk und Flair auch eine dunkle Geschichte. Und die gehört zu einem Stadtbesuch dazu.

FACHWERKFLAIR

Kein Wunder, dass es so viele in die Frankenmetropole zieht

AKTIVITÄTEN & SIGHTSEEING

1 In die Nazi-Vergangenheit blicken

Der riesige Komplex des **Reichsparteitagsgeländes** zeugt von Größenwahn, Machtstreben und Manipulation – und stimmt nachdenklich. Als Mahnmahl, wozu Menschen fähig sein können, ist der Erhalt des Baus ein wichtiger Teil der Erinnerungskultur, die beim Besuch des **Dokumentationszentrums** wachgehalten wird. Das Außengelände ist frei zugänglich, innen erklärt ein Audioguide die Hintergründe. ***Infos:*** *Mo–Fr 9–18, Sa/So ab 10 Uhr | 6 €, Kinder (4–18 J.) 1,50 € | Bayernstr. 110 | Nürnberg | museen.nuernberg.de/dokuzentrum*

2 Zeitreise ins Mittelalter

Der steile Aufstieg zur **Kaiserburg** vom Hauptmarkt aus ist bei der fantastischen Aussicht über Nürnberg schnell vergessen. Die Ausstellungen samt Audioguides sind gut gemacht und beim Blick in den 45 m tiefen Brunnen spürt man den Kloß im Hals. Besonders schön ist der versteckte Burggarten mit schattigen Sitzmöglichkeiten. Der **Biergarten Hexenhäusle** *(tgl. 11–22 Uhr | €€)* im Torwächterhaus serviert fränkisches Schäufele und Nürnberger Rotbier. ***Infos:*** *tgl. 9–18 Uhr | Museum und Audioguide 9 € | kaiserburg-nuernberg.de* ***Parken:*** *vor der Burg am Ölberg*

3 Chillen am Stadtstrand

Eine von sieben Brücken der Stadt ist die **Museumsbrücke.** Von hier geht es hinüber zur **Insel Schütt** mitten in der Pegnitz, auf der der Stadtstrand liegt. Willkommen in der Karibik! Unter hohen Palmen entspannst du im Sand oder Liegestuhl, schlürfst einen Sommercocktail, die Füße im Wasser, Livereggae im Ohr. Mit Kinderbadebecken und sauberen Toiletten. ***Anfahrt:*** *mit Straba-Linie 8 oder U-Bahn 2, 3 plus 21 bis Wöhrder Wiese* ***Infos:*** *Mo–Fr ab 15, Sa/So ab 13 Uhr | Eintritt frei | sommer-in-der-city.com*

4 Ins Szeneviertel GoHo

Das Nürnberger Szeneviertel GoHo alias Gostenhof, hört sich nicht nur an wie Soho, der Stadtteil im Londoner

REGENTAG – UND NUN?

5 Staunen und begreifen im Kunstbunker

Im Mittelalter wurde im Sandsteinfelsen unter der Kaiserburg ein **Kellerlabyrinth** geschaffen, um Bier zu kühlen. Im Zweiten Weltkrieg diente es als Luftschutzbunker – und heute als Kunstbunker, wo Schätze der Stadt eingelagert wurden, um sie bei einem neuen Krieg zu retten. Ein Film zeigt Nürnberg vor und nach dem Krieg. Ein Irrsinn. 25 Jahre hat es gedauert, die Stadt wieder aufzubauen. ***Infos:*** *nur mit Führung, tgl. 14.30, zudem Fr/Sa 17.30, Sa/So 11.30 Uhr | 9 €, Kinder (ab 7 J.) 7 € | Bergstr. 19 | felsengaenge-nuernberg.de | Treffpunkt: Brauereiladen der Hausbrauerei Altstadthof*

West End. Ebenso anders, stylish und vielseitig präsentiert sich das fränkische Szeneviertel südwestlich der Altstadt. Vom poppigen Designershop bummelst du zum crazy Vintageladen, stärkst dich in der Kaffeerösterei und entspannst in der Shishabar. Everything is possible.

Insider-Tipp
Ehrlich und unverpackt
Das ZeroHero ist Nürnbergs erster Laden, in dem du verpackungsfrei einkaufen kannst. Schon optisch ein Knaller (Mo–Fr 10–19, Sa 10–16 Uhr | Obere Kanalstr. 11 A).

ESSEN & TRINKEN

6 Nürnberger Schatzkästchen

So werden die **Trödelstuben** von Einheimischen genannt. In der warmen Jahreszeit sitzt man schön auf der Freifläche am **Trödelmarkt** und genießt fränkische Weine und Biere. Dazu passt Fränkischer Wurstsalat mit Musik, also in Essig-Öl-Marinade. ***Infos:*** *tgl. 11–23 Uhr | Trödelmarkt 30 | Tel. +49 911 36 77 27 67 | restaurant-troedelstuben.de | €€*

7 Biercocktail im urigen Lokal

Im **Bierwerk** fließen Craftbiere aus eigener Produktion aus dem Hahn und der Flasche. Zur Überraschung werden auch Cocktails aus Bieren gezaubert. Für Hungrige gibt es kräftige Brotzeiten. ***Infos:*** *Mo–Do 18–24, Fr/Sa 18–2 Uhr | Unschlittplatz 9 | Tel. +49 911 47 89 21 14 | bierwerk-nuernberg.de | €€*

EINKAUFEN

8 Von der Hand in den Mund

Mittlerweile steht die vierte Generation in der Backstube der **Lebküchnerei Düll** und fertigt nach alter Rezeptur Eli-

LOGENPLATZ

Schöner Wohnen an der Pegnitz

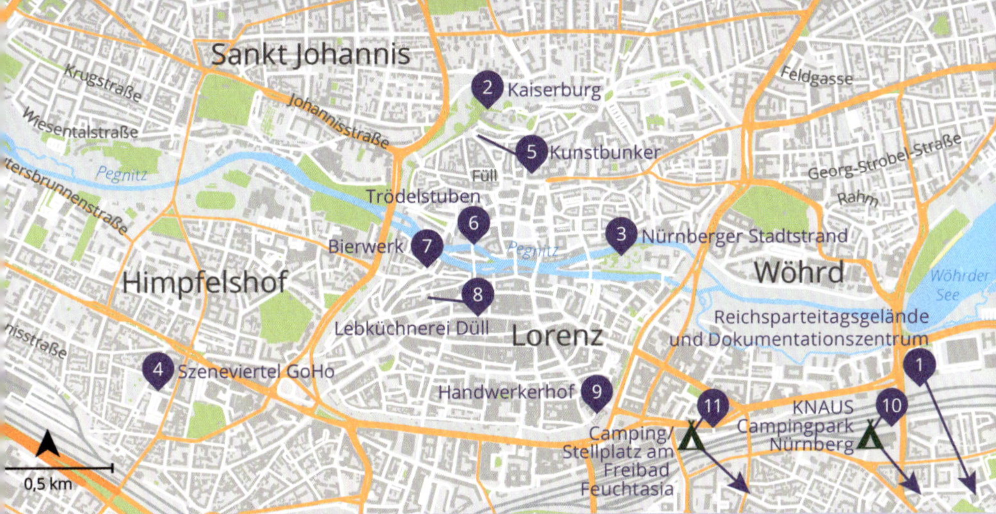

senlebkuchen, Dominosteine und Krokantröllchen von Hand. Alles ein Genuss, nicht nur zur Weihnachtszeit. ***Infos:*** *Mo–Fr 9–18, Sa bis 15 Uhr | Josephsplatz 32 | lebkuchen-nuernberg.de*

9 Stöbern und treiben lassen

Die kleinen Läden im **Handwerkerhof,** vom Glasbläser über den Puppenmacher und Blechspielzeugladen bis zum Goldschmied, zeigen, wie Handwerk funktioniert und warum Qualität ihren Preis hat. Wer vom Stöbern hungrig wird, probiert in einem der Fränkischen Restaurants die Speisekarte durch. Das Logo „Original Regional" kennzeichnet heimische Produkte und stärkt dadurch die regionale Landwirtschaft. ***Infos:*** *Mo–Sa 8–22, So 10–22 Uhr | Königstr. 82, vis-à-vis Hbf. | handwerkerhof.de*

STELL- & CAMPINGPLÄTZE

10 In perfekter Lage im Wald

Schöner Campingplatz zentrumsnah in einem ruhigen Wäldchen nahe Messegelände und Frankenstadion samt Freibad. Alte, schattenspendende Bäume rahmen die Stellplätze ein. Gepflegte Sanitäranlagen. Mit Brötchenservice und gutem Lokal. Radwege und ÖPNV führen in die 5 km entfernte Nürnberger Altstadt.

KNAUS Campingpark Nürnberg

€€ | Hans-Kalb-Str. 56 | 90471 Nürnberg
Tel. +49 911 9 81 27 17 | knauscamp.de
GPS: 49.423109, 11.121631

▶ **Größe:** *120 Stellplätze*

11 Das Freibad um die Ecke

Stellplatz am Waldrand, Freibad, Tennishalle und Walkingparcours im Wald locken selbst Sportmuffel an die frische Luft. Die Weinwirtschaft der Tennishalle bietet gute Küche und kühlen Wein. Supermarkt mit Bäcker gleich um die Ecke, ÖPNV-Anschluss 500 m entfernt. Zahlbar in der Weinwirtschaft.

Stellplatz am Freibad Feuchtasia

€ | Chormantelweg 25 | 90537 Feucht
Tel. +49 9128 9 91 40 | GPS: 49.378425, 11.225145

▶ **Größe:** *9 Stellplätze*

Pottenstein
Wo der Teufel in Höhlen tanzt

Es ist ein bisschen wie im Märchen: Die Gemeinde Pottenstein liegt in schönster Landschaft, umgeben von skurrilen Felsen, die aussehen wie übereinandergetürmte Kissen, vor denen sich als Krönung noch eine Burg erhebt. Es gibt viel zu erleben, vor allem für Abenteurer und Actionfans. Neben einem Golfparcour und einem Kletterwald warten ein Skywalk mit hohen Brückenkonstruktionen und ein Funpark. Und vor allem – traumhafte Natur.

P *Vom Stellplatz (GPS: 49.762837, 11.408280) sind es zu Fuß 30 Minuten bis nach Pottenstein. Auch zum Nächtigen geeignet.*

HERUMSTROMERN

Dazu eignet sich der dichte Wald um Burg Rabenstein perfekt. Im Biergarten der Burg dann den Durst löschen und die Flugkünste der Greifvögel bewundern. Was für ein Tag!

AKTIVITÄTEN & SIGHTSEEING

1 Tanz mit Satan in der Teufelshöhle

400 Stufen, 9 °C, 45 Minuten: Um die farbig angestrahlten, riesigen Tropfsteine in der Teufelshöhle zu erkunden, sollte man eine Jacke dabeihaben und gut zu Fuß sein. Die Karsthöhle ist bis zu 70 m tief und begann sich vor 2,5 Millionen Jahren zu formen. Damals lag die Fränkische Schweiz unterhalb des Meeresspiegels. Als das Wasser weg war, nutzten mächtige Höhlenbären den Ort für ihren Winterschlaf. Über 80 Skelette wurden gefunden. Im Mittelalter glaubten die Menschen, hier hause der Teufel. ***Infos:*** *tgl. 9–18 Uhr | 5 €, Kinder (4–15 J.) 3 € | B470 (GPS: 49.754816,11.420150) | Pottenstein | teufelshoehle.de*

2 Mit Wind um die Nase die Wälder entdecken

Da kann maximal ein Fahrrad mithalten: Wie wunderbar frei fühlt es sich an, auf dem Rücken der Pferde vom **Islandpferdehof Arnleithen** die Fränkische Schweiz zu erkunden. Bei einem Tagesritt oder einer Wanderung durch das Ailsbachtal zur **Burg Rabenstein** *(s. S. 96)* geht es vorbei an Wäldern, über Felder und blühende Wiesen. Die Lebensgemeinschaft Arnleithen liebt ihre sechs Pferde. Naturverbunden pflegen sie auch keltische Traditionen. ***Anfahrt:*** *Vorsicht, die Strecken durch Pottenstein oder die Bärenschlucht sind sehr steil, mit Hänger unbedingt über Tüchersfeld fahren!* ***Infos:*** *1 Std. Ausritt 30 €, Tagesritt zur Burg inkl. Essen und Besuch der Falknerei mit Flugvorführungen 180 € | Arnleithen 3 | Pottenstein | Tel. +49 162 1 00 93 76 (Gudrun) | lebensgemeinschaft-arnleithen.de; happymountains.net*

Insider-Tipp

Mit der Natur verbunden

Auf Wunsch gibt's nach dem Ausritt ein Abendessen am Lagerfeuer mit Eintopf oder fränkischer Brotzeit.

3 Durch das idyllische Wiesenttal paddeln

Begleitet von Bachforellen Felsen und Burgen vom Wasser aus erleben – der **Kajak-Mietservice Fränkische Schweiz** macht's möglich. Ob ruhige Kurzstrecke oder spritzige Tagestour: es fetzt. ***Infos:*** *p. Pers. ab 18 € | Doos 19 | Waischenfeld | kajak-mietservice.de*

REGENTAG – UND NUN?

4 Die Region verstehen

Im historischen Fachwerkgebäude aus dem 18. Jh. sind Funde aus der Erdgeschichte und Archäologie der Region anschaulich ausgestellt. Auch in das Leben von damals gibt das **Fränkische-Schweiz-Museum** Einblicke. Man darf sich sogar eine Münze prägen. Optischer Clou sind die beiden Felsnadeln, die den Museumshof überragen. ***Infos:*** *tgl. 10–17 Uhr | 4 €, Kinder (ab 6 J.) 1 € | Am Museum 5 | Tüchersfeld | fsmt.de*

5 Wandern und Einkehren auf der Burg Rabenstein

Herrlich gelegen, umgeben von dichtem Wald und geheimnisvollen Felsen, ist die Burg Rabenstein perfekt zum Herumstromern. Anschließend kehrt man im **Biergarten** ein. Wer das Innere entdecken will, schließt sich einer Führung an. Und wer gar nicht mehr weg will, mietet ein Burgzimmer. ***Infos:*** *Di–So 11–21 Uhr | Rabenstein 33 | Ahorntal | burg-rabenstein.de; falknerei-rabenstein.de*

ESSEN & TRINKEN

6 Alles Handarbeit

Nach 30-minütiger Wanderung von Pottenstein wird man in der **Forsterstube** mit bodenständiger Küche zu fairen Preisen belohnt. Der Braten des vom Wirt selbst erlegten Wildschweins ist zart, die Bratkartoffeln schön *rösch*. Wer dem Geheimnis der fränkischen Küche auf die Spur kommen will, nimmt an einem Kochkurs des Inhabers teil. ***Infos:*** *Mi–So 17–22, So zusätzlich 11–14 Uhr | Haselbrunn 7 | Pottenstein | Tel. +49 9243 7 01 75 64 | forsterstube.de | €*

7 Kleinod am Fluss

Die **Kuchenmühle** liegt in malerischer Kulisse am Flusslauf der Aufseß. Neben der üppigen Kuchenauswahl bringt der Wirt auch fränkische Klassiker auf den Tisch. Die gebratene Forelle aus heimischen Gewässern ist ein Genuss. ***Infos:*** *Mi–So 11–17 Uhr | Kuchenmühle 21 | Wiesenttal, 16 km westl. von Pottenstein | Tel. +49 9196 3 11 | €€*

8 Genuss bei liebenswerten Wirtsleuten erleben

Im familiengeführten **Landgasthof Bauernschmitt** wird uriges Ambiente mit fränkischer Küche und freundlichem Service gepaart. Die Portionen sind üppig,

UNTER DER FELSWAND

Meister Petz wurde auf dem Campingplatz Bärenschlucht im Püttlachtal lange nicht gesichtet. Dafür umso mehr Kletterer

der Rehbraten ein Gedicht. Dazu passt ein kühles Bier der lokalen Hufeisenbrauerei. ***Infos:*** *tgl. 11.30–23 Uhr | St.-Johannes-Str. 25 | Kirchenbirkig, 4,5 km südl. von Pottenstein | Tel. +49 9243 98 90 | €€* ***Parken:*** *Parkplatz am Haus*

EINKAUFEN

9 Stöbern in Schmitts Allerlei

Der Name ist Programm. Dinge des täglichen Bedarfs, Handgefertigtes aus der Region und Biere lokaler Brauereien finden sich in den Regalen. Gerlinde Schmitt, die Inhaberin, ist auch gern zu einem Schwätzchen aufgelegt. ***Infos:*** *Mo–Sa 10–18 Uhr | Hauptstr. 24 | Pottenstein*

STELL- & CAMPINGPLÄTZE

10 Unter der Felswand schlafen

Klein, familiär und gepflegt. So präsentiert sich der Campingplatz im idyllischen **Püttlachtal** mit Blick auf die Steilwand, an der immer wieder Kletterer unterwegs sind. Gute Gaststätte, im kleinen Laden bekommst du das Notwendigste für den Campingaufenthalt, vor allem frische Brötchen.

Campingplatz Bärenschlucht

€ | Bärenschlucht 1 | 91278 Pottenstein
Tel. +49 9243 2 06 |
baerenschlucht-camping.de
GPS: 49.779533, 11.38428

▶ **Größe:** *50 Stellplätze, ein Blockhaus und zwei Schlaf-Fässer für bis zu vier Personen*

11 Klein, aber oho!

Der Platz liegt ca. 7 km nördlich von Pottenstein wunderschön am Waldrand und bietet jeglichen Komfort. Die großzügig parzellierten Stellplätze haben direkten Wasser- und Stromanschluss. In der kleinen Gastwirtschaft kann man gut essen. Für den Hunger zwischendurch schafft der Kiosk Abhilfe. Mit Sonnenterrasse, Spielplatz und Grillplatz. Man kann sogar Feuerschalen ausleihen. Frische Frühstücksbrötchen werden nach Bestellung geliefert.

Camping Jurahöhe

€ | Kleinlesau 9 | 91278 Pottenstein
Tel. +49 9243 91 73 | campingplatz-jurahoehe.de
GPS: 49.798053866349, 11.375548839569

▶ **Größe:** *60 Stellplätze*

Bamberg
Sieben Hügel, viel Bier und jede Menge Kartoffeln

Ja, es stimmt: Bamberg gilt mit seinen sieben Hügeln nicht nur als das fränkische Rom, sondern wird auch Klein-Venedig genannt. Die Regnitz teilt sich in der Altstadt in einen linken und rechten Flussarm mit mehreren Seitenkanälen und mixt italienisches Flair zwischen all die wunderbaren Fachwerkhäuser, die der Stadt den Unesco-Titel einbrachten. In der Anbauregion für Biogemüse und der Heimat des berühmten Rauchbiers ist auch kulinarisch für Highlights gesorgt – einfach eine Stadt zum Verlieben.

P *Vom Park and Ride Heinrichsdamm sind es zu Fuß 1,7 km in die Altstadt. Alternativ kann man mit dem Parkticket den ÖPNV nutzen.*

VENEDIG IN FRANKEN

In Bamberg sitzt der Bürgermeister zwischen zwei Brücken direkt über der Regnitz

AKTIVITÄTEN & SIGHTSEEING

1 Staunend durchs Unesco-Welterbe schlendern

Der Spaziergang beginnt am **Alten Rathaus** *(Di–So 10–16.30 Uhr)*, ein Topfotomotiv. Die Rathausinsel wurde extra für den gotisch-barocken Bau angelegt. Über die Karolinenstraße ist man ruckzuck am **Bamberger Dom** *(tgl. 8–18 Uhr)*, der **Alten Hofhaltung** mit Historischem Museum *(Di–So 9–17 Uhr)* und der **Neuen Residenz** mit Rosengarten *(tgl. 10–16 Uhr)*. Weiter über Residenz- und Elisabethenstraße in Richtung Flussufer landest du direkt vis-à-vis von Klein Venedig mit den schnuckligen Fachwerkhäusern. Links über die Markusbrücke, dann rechts entlang der Weinwirtschaft Fischerei läufst du zurück Richtung Rathaus. Direkt ums Eck solltest du dir unbedingt noch das **Residenzschloss Geyerswörth** ansehen, sobald es wieder geöffnet ist *(bis Ende 2021 wg. Renovierung geschl.)*. ***Infos:*** *Stadtbus 910 fährt die wichtigsten Highlights ab, zusteigen kannst du z. B. Am Domplatz.*

Die ganze Schönheit von Bamberg fängst du vom Turm des Schlosses Geyerswörth ein: Türme, Fachwerk und die Regnitz bei Sonnenuntergang.

2 Ein Hauch von Venedig beim Gondelfahren auf der Regnitz

Romantisch veranlagt? Dann ab in eine venezianische Gondel und übers Wasser kutschieren lassen. Gondoliere Jürgen alias Luigi hat seine erste Gondel vor über 25 Jahren nach Bamberg gebracht und noch eine zweite angeschafft, da rumgondeln auf der Regnitz so beliebt ist. Am schönsten ist die Ansicht auf die alte Fischersiedlung Klein Venedig: dicht gedrängte Fachwerkbauten mit Blumengärtchen und Holzstegen davor. ***Infos:*** *Fr, Sa und So, Tickets in der Touristinfo | p. Pers. 15 €, private Tour (max. 6 Pers.) 30 Min./60 € | Tel. +49 95 11 20 63 27 | gondel.info*

3 Im Fluss baden gehen

Wo kann man schon mitten in der Altstadt baden!? Im linken Regnitzarm seit 1935 – Kultstatus für das **Hainbad** am Bamberger Stadtpark. Wer nicht im Wasser treibt, lümmelt sich auf der langen Holzterrasse oder der großen Liegewiese. Im Sommer auch Open-Air-Kino. Chillig. ***Infos:*** *tgl. 10–20 Uhr | 2,50 €, Kinder bis 3 J. Eintritt frei | Mühlwörth 18a | Stadtbus 909 hält um die Ecke.*

REGENTAG – UND NUN?

4 Auf den Spuren eines großen Mannes

E. T. A. Hoffmann ist vielen ein Begriff, doch was hat der Schriftsteller eigentlich verfasst? Das **E. T. A.-Hoffmann-Haus,** wo er ab 1808 einige Jahre wohnte, stellt heute als kleines Museum sein Leben und Werk vor. Durch das „Punschloch" wurde ihm Alkohol gereicht. Zur Inspiration. ***Infos:*** *Mai–Okt. Di–So 13–17 Uhr | 5 €, erm. 2,50 € | Schillerplatz 26 | Facebook: Etahoffmannhaus*

5 Inspiration für Hobbygärtner

In und um Bamberg wird schon seit Jahrhunderten Gemüse angebaut. Gesund. Nachhaltig. Bio. Ein Rundweg führt über 18 Themenstationen durch die **Gärtnerstadt** *(gaertnerstadt-bamberg.de)*. Das **Gärtner- und Häckermuseum** *(Di–So 11–17 Uhr | 5 €, Kinder 1 € | Mittelstr. 34 | Bamberg | gaertner-und-haecker-museum.byseum.de)* zeigt, wie früher gegärtnert wurde. Nebenan in der **Bioland Gärtnerei** gedeiht heute bestes Gemüse, auch viele alte Sorten wie z. B. Bamberger Hörnla *(Di, Sa 9–13, Mi, Fr 14–19 Uhr | sebastian-niedermaier.de)*.

ESSEN & TRINKEN

6 Bier mit Schinkengeschmack

Ein Besuch des historischen Gebäudes der **Rauchbierbrauerei Schlenkerla** ist ein Muss, auch wenn das Rauchbier aus dem Eichenfass recht speziell ist. Dazu wird klassische fränkische Küche serviert, z. B. Bamberger Zwiebel mit Rauchspeck, Sauerkraut und Kartoffelstampf. Besser reservieren! ***Infos:*** *tgl. 9.30–23.30 Uhr | Dominikanerstr. 6 | Tel. +49 951 5 60 50 | schlenkerla.de | €€*

7 Es muss kein Fleisch sein

Im **Restaurant Kornblume** kommt leichte und kreative Küche, vor allem vegetarisch und vegan, auf den Tisch. Wenn Fleisch, dann nur in Bioqualität. Doch wer braucht's – die pikanten Gemüsetacos sind einfach zu lecker. ***Infos:*** *Mi–Mo 17.30–22, So zusätzlich 11–14 Uhr | Kapellenstr. 22 | Tel. +49 951 91 41 91 20 | kornblume-bamberg.de | €*

EINKAUFEN

8 Zum Glücklich-Shoppen

Schon alleine die Barockfassade und die denkmalgeschützte Einrichtung des

PROST!

Die Brauerei Schlenkerla produziert vor Ort seit Jahrhunderten diese Bierspezialität

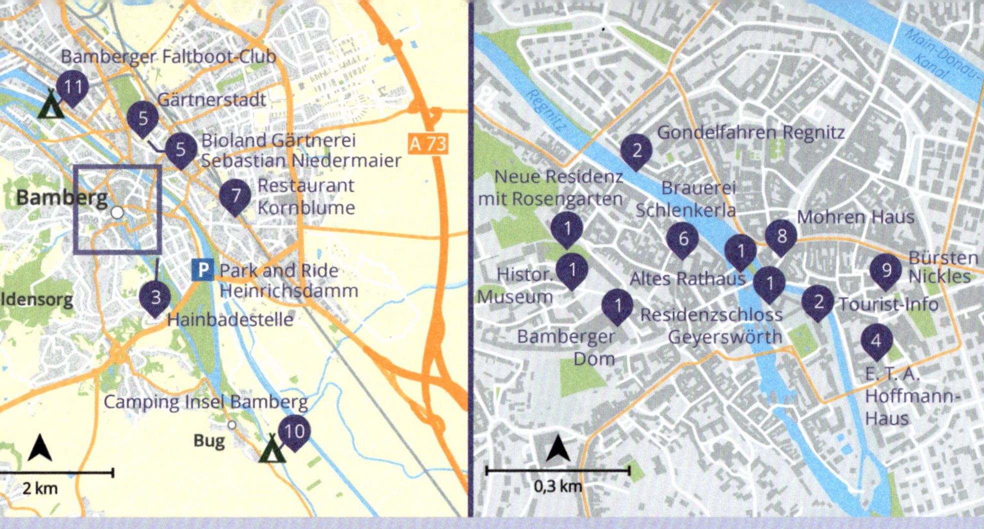

Traditionskaufhauses **Mohren-Haus** sind einen Besuch wert. Doch vor allem die Fülle schöner Dinge lässt das Herz höherschlagen: von originellen Wohnideen über Schmuck und Mode bis zu neckischen Accessoires. ***Infos:*** *Mo–Sa 10–18 Uhr | Obere Brücke 14 | mohren-haus.de*

9 Ich bürste, du bürstest, er ...

Seit 1907 kaufen nicht nur Bamberger alles, was für ein gepflegtes Zuhause gebraucht wird, bei **Bürsten Nickles.** Ob Handfeger, Fußmatte, Staubwedel – lass' dich überraschen, wofür es alles Bürsten gibt. Das Sortiment stammt aus heimischer Produktion und wird aus natürlichen Materialien gefertigt. ***Infos:*** *Mo/Di, Do/Fr 9–18, Mi und Sa 9–13 Uhr | Zinkenwörth 29 | buersten-nickles.de*

STELL- & CAMPINGPLÄTZE

10 Reif für die Insel

Diese Camperoase im Stadtteil Bug liegt wunderbar ruhig an der **Regnitz.** Das Platzteam macht einen guten Job. Per Rad oder ÖPNV seid ihr schnell in der Altstadt, Räder könnt ihr am Platz leihen. Sogar Angelkarten für die Regnitz sind zu haben. Die Hoffmannsklause bietet gute Hausmannskost, ein kleiner Laden das Notwendigste, auch frische Brötchen.

Campinginsel Bamberg 

€€ | Am Campingplatz 1 | 96049 Bamberg
Tel. +49 951 5 63 20 | campinginsel.de
GPS: 49.861122, 10.916762

▶ **Größe:** ***120 Stellplätze***

11 Ein Idyll nicht nur für Wasserwanderer

Der Sportverein ist eine einfache, zentrumsnahe und ruhige Alternative zu den üblichen Möglichkeiten in der Stadt. Durch die wenigen Stellplätze ist alles sehr familär, die Sanitäranlagen sind sauber und das kleine Lokal **Lemon Tree** serviert syrische Küche vom Feinsten. 25 Minuten zu Fuß ins Stadtzentrum.

Bamberger Faltboot-Club 

€ | Weidendamm 150 | 96047 Bamberg
Tel. +49 951 6 86 24 | faltbootclub.de
GPS: 49.903452, 10.874238

▶ **Größe:** ***15 Stellplätze, feste Unterkünfte auf Anfrage***

IM BLAUEN LAND

Spätestens beim Blick von oben auf den Staffelsee versteht man, warum die Region so genannt wird – und viele Künstler anzog

Hauptstadtträume treffen auf Landleben und viel Wasser
München und die Seenrunde

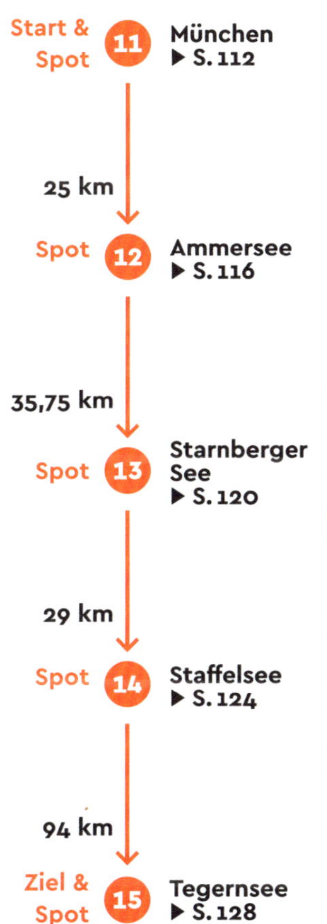

Die Seendichte südlich von München ist fast schon unverschämt. Gleich um die Ecke liegt mit dem Ammersee der Haussee der Landeshauptstadt. Nur einen Katzensprung weiter folgt der Starnberger See samt einigen Nebenseen. Südlich davon kuschelt sich der Staffelsee in eine von Flüssen durchzogene Landschaft. Über Kochel- und Walchensee führt die Route ins Gebirge, um schließlich im nördlichen Alpenvorland das Ziel der Tour zu erreichen: den idyllischen Tegernsee.

Tour D im Überblick

Tour-Highlights

In *Andechs* ein frisch gezapftes Klosterbier genießen ▶ S. 106

Mit *Eseln auf Trab* kommen ▶ S. 108

Strom im *Erlebniskraftwerk Walchensee* selbst erzeugen ▶ S. 110

Um den geschützten *Ostersee* wandern ▶ S. 121

Auf dem *Campingplatz Halbinsel Burg* dem Staffelsee ganz nah sein ▶ S. 127

D Tourenverlauf

Start & Spot **11**

München
Geliebte Landeshauptstadt ▶ **S. 112**

25 km

Statt auf direktem Weg über die A96 zum Ammersee zu düsen, nehmt die 6,5 km längere Route über Neuried, Gauting und Weßling – so seht ihr ein paar nette Orte und kommt am **Wörthsee** vorbei, der zum Münchner Fünfseenland gehört. An der schmalsten Stelle rückt er bis auf 2 km an den Ammersee heran. Das Nordostufer ist schön zum Spazierengehen. Vom Restaurant **Seehaus Rabe** *(tgl. 9.30–22 Uhr | Seestr. 97 | Wörthsee | seehaus-raabe.de)* haltet ihr euch nördlich um den See über Inning. Um zum Campingplatz in **Dießen** am südwestlichen Ufer des Ammersees zu gelangen, geht es ab Stegen ein kurzes Stück (2,5 km) über die A96 bis zur Abfahrt Greifenberg, dann über Utting *(hier gibt es auch einen Campingplatz | ammersee-campingplatz.com)* auf der Landstraße am Westufer des Ammersees entlang.

Spot **12**

Ammersee
Liebling der Hauptstädter ▶ **S. 116**

6 km

Von Herrsching am Ammersee sind es nur wenige Minuten bis zum Kloster Andechs, das du schon von Weitem idyllisch daliegen siehst.

Zu Besuch im Kloster Andechs

Kloster Andechs aus dem 15. Jh. gehört ins Bilderbuch: Die weiß-orange getünchte Wallfahrtskirche mit Zwiebelkuppeldach erhebt sich auf einem Hügel, umgeben von Feldern und Wiesen vor der Silhouette der Alpen. Jede Menge Gold strahlt dem Pilger in der **Kirche** entgegen, die durch einen Blitzeinschlag im Jahr 1669 ausbrannte. Die heutige Ausstattung mit Deckengemälden und Hochaltar stammt aus der Zeit von 1751 bis 1755 und wurde im damals angesagten **Rokokostil** gestaltet. Nur die Stuckarbeiten in der Vorhalle und in der Schmerzhaften Kapelle sind noch älter. Hier ist der deutsche Komponist Carl Orff bestattet. Im **Biergarten** der Klosterbrauerei wird Selbstgebrautes serviert. Vor allem das Andechser Doppelbock hat es in sich. In der kühlen Jahreszeit sitzt man gemütlich im **Bräustüberl** und verputzt zum frisch Gezapften die mitgebrachte Brotzeit. Im **Klosterladen** kannst du dich mit religiöser Volkskunst und Kräuterschnaps eindecken.

tgl. 10–20 Uhr | Bergstraße 2 | Andechs | m.andechs.de

P *Klosterparkplatz Seefelder Straße, 5 Min. Fußweg zum Kloster*

Insider-Tipp
Zu Fuß zum Kloster

Ein schöner Wanderweg führt von Herrsching am Ammersee immer parallel zum plätschernden Kienbach bis zum Kloster (50 Min.).

11 km Vom Klosterparkplatz geht es über die Fischener Straße in Richtung Pähl, rechts liegt der romantische Ammersee. In Pähl immer links halten und den Schildern zum Golfclub folgen.

Durch die Pähler Schlucht zum Wasserfall wandern

Eine schöne Wanderung führt vom Parkplatz am Golfclub Hohenpähl zum Pähler Wasserfall. Gleich zu Beginn kommst du am **Hochschloss Pähl** vorbei. Hier musst du aufpassen, denn vom Schlosstor führt nur ein schmaler Pfad in den Wald hinein. Auf einem wurzeligen und steinigen Pfad durchquerst du nun die naturbelassene Pähler Schlucht, ein wildes **Naturschutzgebiet,** durch das der Burgleitenbach plätschert. Nach 1,5 km ist der 16 m hohe Wasserfall erreicht. Hier steht noch ein altes Pumpwerk – ein spannender *lost place.*

Ratsam sind Mückenschutzmittel und feste Schuhe.

GLÄNZENDER EMPFANG

Früher war mehr Gold – das Pilger und Besucher beim Betreten von Kloster Andechs fast überwältigt

P *kostenloser Parkplatz am Golfclub | Am Gasteig 14 | Pähl*

0,75 km Nach der Wanderung oder auch direkt kannst du dich zu einem tierischen Erlebnis begeben, mitten in Pähl.

Die etwas andere Begegnung – auf der Asinella Eselfarm

Noch nie eine Auseinandersetzung mit einem sturen Esel gehabt? Auf der Asinella Eselfarm kannst du viel über die grauen Tiere lernen, mit ihnen wandern, kuscheln und sie füttern. Und du wirst sehen: Beim Trekking gibt der Esel das Tempo vor. Im Herbst und Winter sind die Mondscheinwanderungen ein ganz besonders intensives Erlebnis.

i *Am Gasteig 4 | Pähl | asinella.com*

Wenn du dein Smartphone im Weitwinkelmodus nah vor die Eselnase hältst, hast du den Kopf groß im Bild und den Körper klein – drollig wie im Comic.

18 km Von der Eselfarm zum südlichen Starnberger See, wo die Campingplätze liegen, fährst du Richtung Süden und biegst an der OMV-Tankstelle rechts auf die B2. Nach 900 m geht es links auf die Zufahrt zu St2066 Richtung Diemendorf. Vor diesem Ort biegst du an der OMV-Tankstelle rechts ab und bleibst geradeaus in Richtung Haunshofen. Weiter geradeaus über ein paar Dörfer triffst du an einer Bushaltestelle wieder auf die Hauptstraße. Links abbiegen, dann führt dich diese Straße zum **Campingplatz Seeshaupt** *(camping-seeshaupt.com)* am südlichen Ufer des Starnberger Sees oder du biegst rechts ab und fährst direkt weiter zum Campingplatz am Fohnsee (s. S. 123).

Spot 13

Starnberger See

Viel Natur und ein bisschen Noblesse ▶ **S. 120**

25 km In Seeshaupt biegst du links auf die Penzberger Straße. Vorbei an den **Osterseen** und vielen Feldern, über Iffeldorf, Antdorf und Habach, erreichst du das nächste Ziel. Wer am Campingplatz Fohnsee losfährt, klinkt sich in Iffeldorf ein und hat noch gut 15 km bis zum Riegsee.

Südamerikaluft schnuppern am Alpakahof am Riegsee

Es schmatzt neben dir, Hufe geben ein gleichmäßiges Stampfen von sich, während deine Hand in kuschelweiches Fell eintaucht. Wandern mit Alpakas ist ein nahezu therapeutisches Erlebnis. Die knuffigen Andentiere – mal weiß, mal grau, mal braun – bestimmen das Tempo und du läufst nebenher. Entschleunigung pur, denn die Ruhe der Tiere ist ansteckend. Am Alpakahof der Familie Schmid kannst du dir diesen tierischen Wandertraum erfüllen. Egal ob alleine oder mit der ganzen Familie – jeder ist hier willkommen. Im Hofladen staunt man nicht schlecht, was alles aus Alpakawolle hergestellt werden kann.

i *Wanderungen Mo–Sa | Dorfstr. 44 | Riegsee | alpakahof-riegsee.de*

4 km Vom Alpakahof ist es nur ein kurzes Stück nach Murnau am Staffelsee. Dabei passierst du eine Engstelle zwischen Riegsee und Froschhauser See. Am **Parkplatz Froschhausen** (47.687794, 11.227429) kannst du anhalten und den Standort zwischen zwei Seen genießen.

Spot 14

Staffelsee

Ein Traum von See ▶ **S. 124**

8 km Von Murnau am Staffelsee bist du in zehn Minuten über die Kocheler Straße am nächsten Stopp.

Freilichtmuseum Glentleiten

Wie lebten die Bauern früher – und teilweise noch heute? Im größten Freilichtmuseum Südbayerns erzählen über 60 Originalbauten vom Leben früherer Generationen, von ihrer Arbeit, den Traditionen und ihrem Alltag. Die alten **Bauernhäuser** stammen aus ganz Oberbayern und wurden hier wieder aufgebaut. Einige verblüffen durch erstaunliche Schnitzarbeiten, überall darf reingeguckt und ausprobiert werden. Nostalgie pur. Ein Rundweg führt in zweieinhalb Stunden durch die Anlage.

i *19 März–11. Nov. Di–So 10–17 Uhr, Juni–Sept. auch Mo | 7€ | An der Glentleiten 4 | Großweil | glentleiten.de*

P *großer Parkplatz und Wohnmobilstellplatz vor dem Museum*

4,5 km Vom Freilichtmuseum geht's zurück auf die Hauptstraße bei Großweil und weiter über die Kocheler Straße bis Schlehdorf am Kochelsee.

Am Kochelsee entlang zum Erlebniskraftwerk wandern

In **Schlehdorf** folgt ihr der Seestraße bis zum Abzweig nach links in die Maut, die nah ans Ufer des Kochelsees führt. Nach ca. 3 km trefft ihr auf den **Felsenweg,** der steinig und schmal, aber mit tollem Blick am Westufer des Sees entlangführt. Nach weiteren 1,7 km ist das Ziel erreicht: Wie Strom per Wasserkraft in die Steckdose kommt, könnt ihr hier im **Erlebniskraftwerk Walchensee** erfahren *(Mai–Okt. 9–17, Nov. und Feb.–April 10–16 Uhr | Eintritt frei | Altjoch 21 | Kochel am See | walchenseekraftwerk.de)*. Gratis! Der Blick in die Maschinenhalle mit den riesigen Turbinen ist beeindruckend. An Versuchsstationen kann man selbst probieren, Strom zu erzeugen. Wer nicht auf demselben Weg zurücklaufen will, kann per Schiff von Altjoch zurück nach Schlehdorf fahren *(Fahrplan unter motorschifffahrt-kochelsee.de)*. Wer länger am Kochelsee bleiben möchte, für den ist der idyllisch am Südufer gelegene **Campingplatz Renken** eine gute Option *(Mittenwalder Str. 106 | Kochel am See | campingplatz-renken.de | 60 Stellplätze, Biergarten und Kiosk)*.

P *In Schlehdorf gegenüber vom Spielplatz (Raiffeisenstraße). Wer nicht wandern will, kann auch am Kraftwerk kostenlos parken.*

18 km Fahr nun nach Kochel am See und dort auf die B11. Dieser folgst du östlich um den Kochelsee herum, dann über viele Kurven und mit tollen Blicken nach Walchensee.

Walchensee

Der Walchensee samt gleichnamigem Ort ist einfach schön, wenn auch das Wasser eiskalt, gehört er mit 190 m Tiefe doch zu den tiefsten Seen Bayerns. Auf den Gipfel **Herzogstand** kommt ihr zu Fuß oder bequem von Walchensee mit der **Bergbahn** *(Am Tanneneck 6 | Walchensee | herzogstandbahn.de)*. Am Seeufer könnt ihr euch kostenlos fünf Hütten im **Filmkulissendorf Flake** ansehen *(14. April–6. Nov. tgl. 10–18 Uhr | Seestraße | tourismus.kochel.de)*. Kein Wunder, dass diese Kulisse perfekt für Herbigs Film „Wicki und die starken Männer" war.

P *Bei der Herzogstandbahn gibt es einen großen Parkplatz.*

63,5 km Du folgst nun der B11 Richtung Süden bis zum Ortseingang Wallgau, wo du am Trachtenhaus links auf die Risser Straße fährst. Der folgende Streckenabschnitt bis zum Sylvensteinstausee ist identisch mit dem in **Tour B** (Mautstraße, s. S. 52). Hinter dem Sylvensteindamm biegst du rechts auf die B307, die dich durch die Alpen mit kurzen Abschnitten durch Österreich bis an den Tegernsee führt.

Optionaler Touranschluss: Tour B

Ziel & Spot 15

Tegernsee
Einer der schönsten Seen Bayerns ▶ **S. 128**

IM ZWEISEENLAND

Kochel- und Walchensee trennen nur ein schmaler Streifen dichter Wald und 200 Höhenmeter

München
Geliebte Landeshauptstadt

„Das ist Bayern" – durchfährt es wohl jeden, wenn er am Marienplatz mitten in München steht. Hier wehen die blau-weißen Fahnen am traditionsreichen Brauhaus Donisl, das ein guter Ort ist, um „zu sehen und gesehen zu werden".
Die Fans des FC Bayern zeigen deutlich, dass es für sie keinen besseren Verein auf der Welt gibt und beim richtigen Timing bekommt man um 11, 12 und 17 Uhr sogar das Glockenspiel am Rathaus mit, ein Moment, bei dem alle Passanten verweilen und lauschen.

P *In der Innenstadt liegt das Parkhaus am Stachus (Adolf-Kolping-Str. 10 | München | Einfahrtshöhe 2,10 m | parkhaus-am-stachus.de).*

WER BRAUCHT SCHON HAWAII

… wenn man die Eisbachwelle vor der Tür hat?

AKTIVITÄTEN & SIGHTSEEING

1 Einen Nachmittag im Englischen Garten genießen

Mittendrin statt nur dabei! Bei schönem Wetter mischt man sich am besten unter die Münchner und hängt ein bisschen im großen Englischen Garten ab, den Kurfürst Karl Theodor um 1789 eigentlich zur Erholung für Soldaten geplant hatte, schließlich aber auch dem Volk gönnte. Die Wiesen um den Schwabinger Bach sind zum Planschen besonders beliebt.

Insider-Tipp
Das gehört einfach dazu

Am Chinesischen Turm gibt's danach ein Frischgezapftes.

2 Über die Surfer auf der Eisbachwelle staunen

Surfen im Englischen Garten? Geht nicht. Doch, das geht. Und zwar auf dem Eisbach. Eine große Steinstufe lässt diese rauschende und bei Wellenreitern beliebte Welle entstehen. Tag und Nacht wird hier gesurft. Viele Schaulustige bestaunen das Spektakel von der nahen Brücke aus. ***Infos:*** *Prinzregentenstr./Eisbachbrücke | eisbachwelle.de*

3 Schauen wie der Adel lebte im Schloss Nymphenburg

Die ehemalige Sommerresidenz der Wittelsbacher aus dem frühen 18. Jh. zeigt eindrücklich die Pracht und den Prunk vergangener Zeiten. Das Schlossgebäude samt Flügel zieht sich über 630 m hin. Der gepflegte **Schlosspark** ist mit seinen 180 ha größer als Lichtenstein. Stundenlang kann man durch den Park bummeln, in den königlichen Räumen wandeln oder eines der vier ansässigen **Museen** besuchen. ***Infos:*** *tgl. 9–18 Uhr | 8 € | Schloss Nymphenburg 1 | schloss-nymphenburg.de*

4 Radtour durch die City

Per Rad auf Entdeckungstour durch München, das ist bequem, zeitsparend und du bekommst einen anderen Blickwinkel auf die Highlights. Das Team von **Munich Walk Tours** führt dich in dreieinhalb Stunden zu den wichtigsten Sehenswürdigkeiten Münchens, Biergartenbesuch inklusive. Ein Leihrad wird zur Verfügung gestellt, Voranmeldung ist erwünscht. ***Infos:*** *tgl. 10.45 Uhr | 25 € | Marienplatz 8 | munichwalktours.de*

REGENTAG – UND NUN?

5 Alles Technik, oder?

Das **Deutsche Museum** ist das größte Technikmuseum der Welt. Von Astronomie über Bergbau, Energie, Informatik bis hin zu Verkehr und Umwelt wird echt viel geboten. Ein ganzer Tag reicht nicht aus, um alle Themenbereiche zu sehen. Daher sollte der Besuch des Hauses gut geplant werden. Für Kinder gibt es Mitmachprogramme und interaktive Angebote, die Freude machen. ***Infos:*** *tgl. 9–17 Uhr | 14 € | Museumsinsel 1 | deutsches-museum.de*

ESSEN & TRINKEN

6 Schnitzel dir eins

Das Lokal **Drei Mühlen** besorgt das Fleisch frisch von den umliegenden Metzgereien im Schlachthofviertel. Es gibt eine sagenhafte Schnitzelauswahl und außergewöhnliche Gerichte wie gebackene Milzwurst und Kalbsherz. Zum süßen Abschluss die *Powidltatschgar* probieren, mit Zwetschgen gefüllte Teigtaschen. ***Infos:*** *tgl. 17.30–20.30, Sa ab 12 Uhr | Reifenstuelstr. 1 | 3muehlen.de* | €€

7 Kuchen hoch oben

In einem Turm des Isartors auf 14 m Höhe befindet sich das **Café Turmstüberl.** Die Wände sind voll mit alten Bildern und Kuriositäten, die Kuchen vom Feinsten. „Mei is des griabig hia!" Beim Aufstieg passiert man das **Valentin Karlstadt Museum** – eine Sammlung über das Leben des Schauspielers. ***Infos:*** *Do–Di 11–17.30, So 10–18 Uhr | Tal 50 | turmstüberl.de* | €€

EINKAUFEN

8 Seit 1807

Täglich, außer sonntags, wird der **Viktualienmarkt,** der ursprüngliche Bauernmarkt im Herzen Münchens, zum kulinarischen Einkaufsparadies. Vielfalt, Qualität und Exklusivität der Produkte suchen ihresgleichen. Auf fast 20 000 m² bieten 110 Stände frische Lebensmittel, Blumen und Gewürze. ***Infos:*** *Mo–Sa 8–20 Uhr | Viktualienmarkt 3 | viktualienmarkt.de*

9 Nachhaltig mit Spaß am Teilen

Die geballte Ladung regionaler Handwerkskunst und Kunsthandwerk gibt es im Laden **Siebenmachen.** Sieben Mache-

EWIGE CAMPERLIEBE

Beim Oldtimertreffen auf der Theresienwiese können Bullifahrer ihrer Leidenschaft frönen

rinnen führen das Geschäft gemeinsam. Es gibt Porzellanschmuck, originelle Hüte, Fotografien und vieles mehr. Meistens steht eine der Macherinnen selbst hinterm Verkaufstresen. ***Infos:*** *Di–Fr 13–19, Sa 11–19 Uhr | St. Bonifatiusstr. 20 | siebenmachen.de*

STELL- & CAMPINGPLÄTZE

10 Luxus zwischen Wald und Flur

Der Campingplatz ist eine wahre Wohlfühloase und lohnt die Anfahrt allemal. Die Stellplätze sind großzügig und liegen zum Teil an der Badewiese zum **Ammersee.** Neben dem topmodernen Sanitärhaus gibt es sogar Privatbäder und ein Hundebad. Im kleinen Supermarkt findest du alles Notwendige für einen gelungenen Aufenthalt, auch für ein deftiges Barbecue. Das Restaurant mit gutbürgerlicher Küche und Seeblick passt ebenfalls. Entspannen kannst du auf der Liegewiese am See und für Action auf dem klaren Wasser stellt der SUP-Verleih das Equipment bereit. Wer eine kleinere Anlage bevorzugt, fährt ein paar Kilometer weiter zum **Campingplatz am Wörthsee** (s. S. 119).

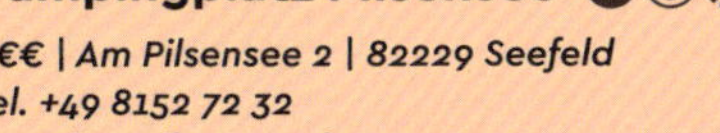

Campingplatz Pilsensee

€€€ | Am Pilsensee 2 | 82229 Seefeld
Tel. +49 8152 72 32
camping-pilsensee.de
GPS: 48.03023, 11.201126

▶ **Größe:** *140 Stellplätze, Schlaffässer zum Mieten*

11 Südsee ums Eck

Der Wohnmobilpark ist einfach gehalten, klar strukturiert und ganzjährig geöffnet. Es gibt auch keinen Ansprechpartner vor Ort. Die Schranke und der Kassenautomat erledigen alles Nötige. An der Einfahrt findest du einen Backshop mit angeschlossenem Café. Die **Therme Erding** mit Südseeflair liegt 300 m um die Ecke, und auch die sehenswerte Altstadt von Erding ist nicht weit entfernt.

Wohnmobilpark Erding

€ | Thermenallee 6 | 85435 Erding
Tel. +49 8122 9 59 87 05
wohnmobilpark-erding.de
GPS: 48.292263, 11.886781

▶ **Größe:** *55 Stellplätze*

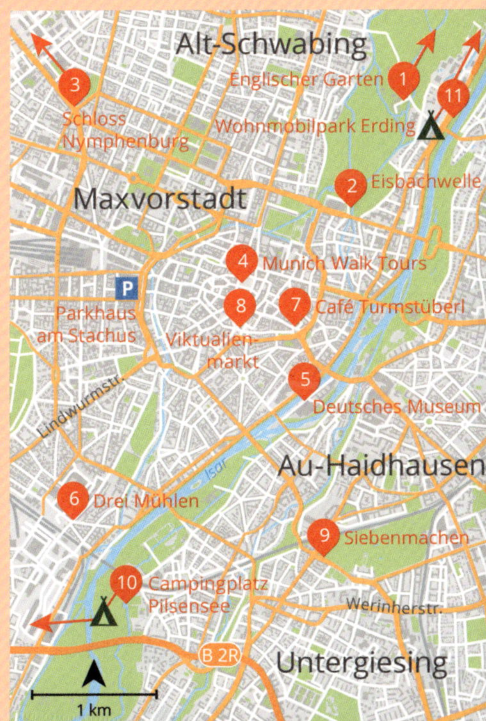

Ammersee
Liebling der Hauptstädter

Der Ammersee ist der Haussee von München, die S-Bahn S8 fährt von der Landeshauptstadt direkt bis nach Herrsching am östlichen Seeufer. Der Ammersee, Bayerns drittgrößte Pfütze, ist Teil der Kulturlandschaft Fünfseenland und zu fast jeder Jahreszeit gut besucht, denn hier ist immer was los. Ob ein Tag im Strandbad Seewinkel in Herrsching, eine Dampferfahrt von Utting aus über den See oder eine Runde Stand-up-Paddling im Erholungsgebiet Eching – die Wassersportmöglichkeiten sind vielfältig und das bei einer Wasserqualität mit gutem Ruf.

P *Alle Orte am See haben mindestens einen öffentlichen Parkplatz.*

SUMMERTIME

Abendritual in Herrsching: Ratschen und der Sonne beim Abtauchen in den Ammersee zuschauen

AKTIVITÄTEN & SIGHTSEEING

1 Ab in die Natur zum Vögel gucken

Am südlichen Ammersee fließen Rott und Ammer durch die **Vogelfreistätte Ammersee,** ein Naturschutzgebiet, das über 300 Vogelarten Schutz bietet, darunter auch solchen, die bereits sehr selten geworden sind. Im Frühjahr und Herbst rasten viele Zugvögel in dem bedeutenden Feuchtgebiet. Wer leise umherstreift, kann Kanadagans, Zwergtaucher, Flussseeschwalbe oder Schwarzkehlchen beim Brüten beobachten. Am Ufer bei Dießen gibt es einen **Beobachtungsturm** versteckt im Schilf. Vom Parkplatz bei Fischen *(GPS: 47.927709, 11.145706)* startet ein **Dammweg,** der parallel zum Ammerzufluss bis an den See verläuft. ***Infos:*** *Kirchstr. 7 | Pähl | ammerseepfad.de/naturraum/ammersee-sued*

2 Der Fischer vom Ammersee

Die **Fischerei Rauch** in Dießen ist eine der ältesten am ganzen Ammersee. Verkauft wird direkt aus der urigen Fischerhütte am Töpfermarkt Fischsemmeln, frischer und geräucherter Fisch. Das Angebot variiert je nach Saison: Renken, Karpfen und Saiblinge. ***Infos:*** *tgl. 8–12, 13–18 Uhr | Mühlstr. 40 | Dießen | fischerei-rauch.de*

Insider-Tipp
Für Frühaufsteher

Der bärtige Simon nimmt Interessierte in der Morgendämmerung mit aufs Boot, um nach dem Fang in den Netzen zu schauen. Anpacken erwünscht.

3 Mit zwei PS durch die Landschaft kutschieren

Lust auf eine Kutschfahrt? Ob im Schlitten, Planwagen oder mit der Kutsche: Klement Noll vom **Hof Noll** macht jede Ausfahrt mit seinen historischen Gefährten und prächtigen Vollblutpferden zu einem besonderen Erlebnis – auch nach ganz individuellen Wünschen. ***Infos:*** *Kalkofen 2 | Dießen | noll-hof.de*

4 Adrenalin tanken im Hochseilgarten Ammersee

Ab ins Kletterparadies! Im Hochseilgarten in **Utting** am Westufer des Ammersees kannst du hangeln, balancieren, frei klettern – die Parcours im Design eines Piratenschiffs haben es in sich. Über fünf Ebenen geht's bis zum Mastkorb auf 13 m Höhe! Bevor es losgeht, erklären die Mitarbeiter, wie man die Klettergurte

REGENTAG – UND NUN?

5 Abschalten im Kino Alte Brauerei Stegen

Erst schön essen, dann ins nostalgische Kino. Dieser Ausgehklassiker eignet sich perfekt für einen Regentag, und zum Glück bietet die Alte Brauerei Stegen dieses 2in1-Erlebnis. Im Gasthaus schmeckt ein Steak samt Selbstgebrautem ausgezeichnet und hinterher läuft im Kultkino im alten Gewölbe garantiert ein Film, der nicht 0815 ist. ***Infos:*** *Landsberger Str. 57 | Inning | kino-stegen.de*

richtig anlegt. ***Infos:*** *März–Nov. Sa/So/Fei sowie in den bayerischen Schulferien | ab 17 € | Fahrmannsbachstr. 2 | Utting | hochseilgarten-ammersee.de*

ESSEN & TRINKEN

6 Alles Bio

Abseits des Trubels liegt oberhalb der Seepromenade in Schondorf das **Café Panini.** Hier werden nur ökologische Produkte verarbeitet, auch für Vegetarier und Veganer gibt es feine Gerichte. Belugalinsen mit gebratenem Biofeta und Zimtbirnen, das klingt nicht nur gut, es schmeckt auch einfach mal anders. Vor dem Café sitzt man bei gutem Wetter herrlich unter alten Bäumen und dem sanften Hintergrundplätschern des Brunnens. ***Infos:*** *Do/Fr 14–21, Sa/So 12–21 Uhr | Wilhelm-Leibl-Platz 4 | Schondorf | Tel. +49 8192 23 79 83 | cafe-panini-ammersee.de | €*

7 Eis, Eis, Baby

In der **Eismacherei Fischer** bekommt ihr das wohl beste Eis der Gegend – klassisch bis außergewöhnlich, handgemacht und lecker. Schoko bleibt mein unangefochtener Favorit. Neben Eis gibt es Kaffee und frisch gebackene Waffeln zum herrlichen Blick über den Ammersee. ***Infos:*** *tgl. 12–18 Uhr | Landsberger Str. 80 | Inning | Tel. +49 8143 99 28 00 | fischer-ammersee.com | €€*

EINKAUFEN

8 Das passende bayerische Souvenir finden

Gute Chancen dazu bietet der Laden **Servus Heimat** auf nur wenigen Quadratmetern. Von Kitsch über Originelles, Verwunderliches bis hin zu Köstlichem und Abgefahrenem ist alles vertreten. Schön sind die regionalen Spezialitäten wie Kräutertees aus München und Bier vom

FISCHERS FRITZ

Gut möglich, dass die Forelle auf der Semmel durch den Ammersee geschwommen ist

Wörthsee. ***Infos:*** *Mo–Sa 10–19 Uhr | Mühlfelder Str. 9 | Herrsching | servus-heimat.com*

9 Kloster-Shopping

Nach einem Besuch des Klosters Andechs samt Gastwirtschaft sollte man noch im **Klosterladen** vorbeischauen. Neben religiösen Dingen gibt es viele Souvenirs. Wie wäre es mal mit einer handgeschriebenen Postkarte für die Daheimgebliebenen? Oder dem Andechser Kräuterschnaps als Mitbringsel? ***Infos:*** *tgl. 10.30–18 Uhr | Bergstr. 2 | Andechs | andechs.de*

STELL- & CAMPINGPLÄTZE

10 Badespaß inklusive

Abseits des dichten Verkehrs liegt dieser Campingplatz in einer der reizvollsten Regionen der bayrischen Voralpen am **Wörthsee.** Die Lage zwischen den oberbayrischen Seen, den Alpen und der Landeshauptstadt ist perfekt. Mit Liegewiese am See. Beachvolleyballfeld und Kinderspielplatz. Am Kiosk wirst du kulinarisch verwöhnt. Hier gibt es eine Auswahl an frischen Produkten wie Eier, Obst und Gemüse vom Hofladen der Inhaberfamilie. Zum Ammersee sind es 30 Minuten per Rad.

Campingplatz am Wörthsee

€€€ | Wörthseestr. 29 | 82229 Seefeld
Tel. +49 8152 3 96 25 86
campingplatz-am-woerthsee.de
GPS: 48.045533, 11.178481

▸ **Größe:** *17 Stellplätze*

11 Mit Aussicht

Der Tag beginnt nach einer ruhigen Nacht mit einem Bad im **Ammersee,** bevor es an den Frühstückstisch geht. Auch sonst ist alles vorhanden, was das Camperleben angenehm macht. Die Betreiber sind äußerst freundlich und hilfsbereit. Das Restaurant St. Alban serviert vorwiegend mediterrane Küche. Von der Sonnenterrasse hat man einen atemberaubenden Blick über den Ammersee rüber zum Kloster Andechs.

Campingplatz St. Alban

€€€ | Seeweg Süd 85 | 86911 Dießen am Ammersee
Tel. +49 8807 73 05 | camping-ammersee.de
GPS: 47.963973, 11.105801

▸ **Größe:** *22 Stellplätze*

Starnberger See
Viel Natur und ein bisschen Noblesse

Das schnucklige Städtchen Starnberg an der Nordspitze des gleichnamigen Sees bietet ein breites Angebot für alle, die auf der Suche nach Naturvergnügen und Freizeitspaß sind. Mit Schloss, Kirche, Stadtvillen und dem allseits präsenten See ist es ein optimaler Ausgangspunkt für zahlreiche Aktivitäten im, auf und um den See – immerhin der fünftgrößte Deutschlands.

P *Entspannt und kostenfrei parken kannst du bei Park & Ride (Hans-Zellner-Weg 8 | Starnberg).*

ABGEFAHREN

Exponate dieser Art findet ihr in Buchheims Museum der Fantasie in Bernried

AKTIVITÄTEN & SIGHTSEEING

1 Durch das Leutstettener Moos radeln

Am Nordufer, im Abflussgebiet des Starnberger Sees, liegt das Leutstettener Moos. Ein 12 km langer Rundweg führt in zwei bis drei Stunden durch das einst besiedelte Naturschutzgebiet. Ob zu Fuß oder mit dem Fahrrad, die Erkundung des Geländes verheißt Ruhe und Entspannung. Auf dem Weg kannst du der **Villa Rustica** *(villa-rustica.de)*, einem antiken römischen Gutshof, und dem **Schloss Leutstetten** samt Biergarten einen Besuch abstatten. ***Parken:*** *nahe Heimatshausener Str. 1 | Starnberg*

2 Um den Ostersee wandern

Ausgangspunkt für die Wanderung durch das idyllische Seengebiet südlich des Starnberger Sees ist **Iffeldorf.** Am Parkplatz startet der Rundweg Nr. 25 auf blauem Grund. Über die **Blaue Gumpe,** eine glasklare Grundwasserquelle der umliegenden Seen, geht's östlich am Ufer weiter bis zur **Badestelle Staltach.** Picknickpause. Nun entlang der Nordseite des Sees über die Lauterbacher Mühle bis du nach insgesamt 10,5 km wieder am Startpunkt ankommst und dir eine verdiente Auszeit im **Café Hofmark** gönnen kannst *(Di–So 11–18 Uhr).* ***Parken:*** *kostenpflichtiger Parkplatz Osterseen | Angerweg | Iffeldorf*

Die beste Zeit für ein Gumpenfoto ist morgens. Das Licht ist sanft, die Gumpe schimmert blau und der See liegt spiegelglatt.

3 Picknicken am Monopteros

Man muss nicht unbedingt verliebt sein, wenn man dieses romantische Plätzchen am Starnberger See aufsucht. Der Monopteros, ein kleiner Rundtempel, steht im **Bernrieder Park.** Den Blick genießen, den oder die Liebste umarmen und die Seele baumeln lassen – dazu passt ein leckeres Picknick. Perfekt. ***Infos:*** *GPS 47.885394, 11.28554 | Bernried*

4 Koch dich krumm

Im **Genussreich Krumm und Schlösser** in Starnberg regiert nicht das Zepter, sondern der Kochlöffel. Im modernen Ambiente wird kunstvoll gekocht und köstlich gespeist. Bei den **Kochkursen** mit Chefkoch Christian Schlösser

REGENTAG – UND NUN?

5 Kunst atmen

Kreativ. Experimentell. Chaotisch. Eben anders ist das **Buchheim Museum der Fantasie,** gewidmet dem Maler und Tausendsassa Lothar-Günther Buchheim. Von Cartoons über schräge Marionetten bis hin zu einem Autowrack, das von einem Kraken angegriffen wird – die Installationen sind freakig und oft freizügig. Weniger Begeisterte ziehen sich ins Museumscafé zu Kaffee und Kuchen zurück. ***Infos:*** *Di–So 10–17/18 Uhr | 10 €, Kinder (6–17 J.) 5 € | Am Hirschgarten 1 | Bernried | buchheimmuseum.de*

gesellt man sich nach einem Aperitif um die große Kochinsel, erarbeitet ein Menu und lauscht den Tipps des Profis. Nach der Arbeit folgt das kulinarische Vergnügen. ***Infos:*** *Kochkurs 149 €, 4–6 Std. | Tutzinger-Hof-Platz 2 | Starnberg | Tel. +49 8151 7 39 17 42 | genussreich-starnberg.jimdo.com*

ESSEN & TRINKEN

6 Hier passt einfach alles

Mitten in Starnberg steht das **Wirtshaus im Tutzinger Hof.** Im rustikalen Ambiente sitzt es sich schön *griabig*. Zu Krustenbraten, Gulasch und Tafelspitz gibt es erfrischende Biere. Auch Fischliebhaber und Vegetarier kommen zum Zug. Die hausgemachten Limonaden sind umwerfend. ***Infos:*** *tgl. 10–24 Uhr | Tutzinger-Hof-Platz 7 | Starnberg | Tel. +49 8151 9 71 88 75 | wirtshaus-starnberg.de | €€*

7 Schmankerl in alten Mauern

Im historischen Hof **Buchscharner Seewirt** aus dem 18. Jh. sitzt man im Biergarten unter großen Kastanien samt Seeblick. Die Speisekarte nach bayrischer Art lässt es an nichts fehlen. ***Infos:*** *tgl. 11–23 Uhr | Buchscharnstr. 1 | Münsing | Tel. +49 8801 24 09 | buchscharner-seewirt.com | €€*

Insider-Tipp
Etwas Platz lassen
... für köstliche Dampfnudeln mit Vanillesoße – ein kulinarisches Highlight!

EINKAUFEN

8 Für Bierkenner

Seit 2015 wird im **Starnberger Brauhaus** vollmundiges Helles und naturtrübes Kellerbier gebraut und in Kisten und Fässern im Brauereiverkauf in Berg verkauft. Echte Fans melden sich gleich zur

AB IN DIE NATUR

Wer es ruhiger mag, kann südlich des Starnberger Sees um den wunderbaren Großen Ostersee wandern

Brauereiführung an. ***Infos:*** *Mo–Sa 10–14, Do bis 18 Uhr | Am Hohenrand 4 | Berg | Tel. +49 8151 44 61 00 | brauerei.bayern*

9 Schokolade oder Mann?

Schlagersängerin Trude Herr hätte sich hier sicher für die Schokolade und gegen den Mann entschieden. Seit knapp 20 Jahren dreht sich im **Clement Chocokult** alles um die Praline. In unzähligen Geschmacksvarianten ist jede einzelne ein Kunstwerk für sich. Im Seminar tauchst du tiefer in die schokoladige Materie ein. Fünf Stunden kosten 170 € – Naschen erwünscht. ***Infos:*** *Di–Sa 10–13, Fr 14–17 Uhr | Bahnhofstr. 25 | Bernried | clement-chococult.de | €€€*

STELL- & CAMPINGPLÄTZE

10 Ab vom Schuss

Mitten im Naturschutzgebiet der Osterseen südlich des Starnberger Sees liegt direkt am **Fohnsee** idyllisch ein kleiner Campingplatz. Die wenigen Stellplätze verteilen sich unter altem Baumbestand. Das Gelände wird bewusst naturbelassen und erhält dadurch seinen besonderen Charme. Baden, Wandern, Radfahren und Entspannen – für alle Belange gibt es etwas. Das **Gasthaus Fohnsee** sorgt fürs leibliche Wohl.

Campingplatz Fohnsee

€€ | Fohnseeweg | 82393 Iffeldorf
Tel. +49 8856 78 74 | campingplatz-fohnsee.de
GPS: 47.778305, 11.316689

▶ **Größe:** *40 Stellplätze*

11 Die Freizeitoase

Anlage auf einem schönen grünen Areal unmittelbar am Ufer eines kleinen Badesees. Die Sauberkeit der modernen Sanitäranlage sucht ihresgleichen – mit eigenem Waschraum für Kinder. Für das Gesamtkonzept wurde der Platz bereits ausgezeichnet. Mit Tischtennisplatten und Stockschießbahn, Tennisanlage gleich um die Ecke. Im **Gasthaus am See** wird gute Küche serviert, der angeschlossene Kiosk ist gut sortiert.

Campingplatz Königsdorf am Bibisee

€€ | Zum Lindenrain 8 | 82549 Königsdorf
Tel. +49 8171 8 15 80 | camping-koenigsdorf.de
GPS: 47.837089, 11.469191

▶ **Größe:** *60 Stellplätze*

Staffelsee
Ein Traum von See

Von oben sieht er beinahe herzförmig aus. Die obere rechte Herzhälfte ist der Obersee, links der Untersee und die Spitze besetzt der Stegsee. Bekannte Orte sind Murnau, Seehausen und Uffing. Im See liegen sieben Inselchen, was den Staffelsee zum inselreichsten See im Alpenvorland macht. Nur die Wörthinsel ist von wenigen Menschen bewohnt. Die Inseln kannst du prima beim SUP erkunden.

P *Ein guter Ausgangspunkt für Unternehmungen ist der Parkplatz Seestraße in Murnau (GPS 47.679645, 11.188311). Fähranleger, Grillplatz und eine E-Bike-Ladestation liegen gleich um die Ecke.*

INSPIRIEREND

In Haus und Garten der Malerin Gabriele Münter traf sich einst die Künstlergruppe Blauer Reiter zu Inspiration und Austausch

AKTIVITÄTEN & SIGHTSEEING

1 Großer Kunst nachspüren im Schlossmuseum Murnau

Die historischen Gemäuer aus dem frühen 13. Jh. beherbergen seit 1993 das Murnauer Schlossmuseum. Die wunderbare Ausstellung zeigt Abstraktes und Modernes bis Bäuerliches und Naives. Highlights sind die Bilder von **Wassily Kandinsky** und **Franz Marc.** Den Werken dieser berühmten Mitglieder der Künstlergruppe Blauer Reiter ist ein großer Saal gewidmet. ***Infos:** Di–So 10–17 Uhr | 6 €, Kinder (6–18 J.) 2 € | Schlosshof 2 | Murnau | schlossmuseum-murnau.de*

2 Auf den Herzogstand schweben oder kraxeln?

Vom 1731 m hohen Herzogstand, einem der Münchner Hausberge, habt ihr einen grandiosen Blick auf die umliegenden Seen und das Karwendelgebirge. Für die 840 Höhenmeter braucht ihr zu Fuß ca. drei Stunden, nur vier Minuten mit der Standseilbahn. Unweit der Bergstation gibt es auch einen zünftigen Berggasthof. ***Infos:** tgl. 8–17 Uhr | einfache Fahrt 8 € | Am Tanneck 6 | Walchensee | herzogstandbahn.de **Parken:** an der Talstation der Seilbahn (kostenpflichtig)*

3 Innehalten in der Lourdesgrotte

Ganz romantisch am Rande des Murnauer Mooses liegt versteckt in einer kleinen Schlucht die Lourdesgrotte. Vom Ortskern in Murnau ist es ein schöner 20-minütiger **Spaziergang.** Jedes Jahr findet hier die Maiandacht statt. Ein magischer Ort. Besonders im Halbdunkel und mit Kerzenschein. ***Infos:** Zugang über Hörnleweg 16 | Murnau*

4 Durchatmen im NaturErlebnisGarten

Raus aus dem Kopf, rein in den Garten. So lautet das Motto der kleinen Gemeinde, die seit 2011 einem unspektakuläres Stück Land nach dem Prinzip der **Permakultur** bearbeitet. Inzwischen ist hier ein kleines Paradies mit Kräuterspirale, einem kleinen Teich, Trockenmauern und blühenden Wiesen entstanden – eine Umgebung, in er sich nicht nur die Tierwelt wohlfühlt. Auch Körper, Geist und Seele der Besucher finden hier freien Raum zum Durchatmen. Das schöne Gelände ist stets zugänglich. Auch Workshops und Veranstaltungen finden hier statt. ***Infos:** 2 km nördl. von*

REGENTAG – UND NUN?

5 Auf den Spuren einer Malerin im Münterhaus

Das Wohnhaus der Malerin **Gabriele Münter** (1877–1962) ist heute Erinnerungsstätte und Museum für die Kunst der expressionistischen Malerin und ihres Lebensgefährten Wassily Kandinsky. Das Haus samt Garten war ein beliebter Treffpunkt der Künstlergruppe Blauer Reiter. ***Infos:** Di–So 14–17 Uhr | 3 € | Kottmüllerallee 6 | Murnau | muenter-stiftung.de*

Murnau | naturerlebnisgarten-staffelsee.de

Schon mal ein Gesicht aus Kräutern gelegt? Ist witzig! Und als Foto ein schöner digitaler Urlaubsgruß an Freunde und Familie.

ESSEN & TRINKEN

6 Besondere Gerichte, modernes Ambiente

Nicht nur die farbliche Gestaltung des Lokals **Zum Murnauer** hinterlässt Eindruck. Auch das kreative Speisenangebot hält Überraschungen bereit, alles regional und bio – köstlich das Carpaccio vom bayrischen Jungbullen. Dazu ein frisch Gezapftes im Biergarten, wunderbar! ***Infos:*** *Di–Fr 11.30–14.30, 17.30–23, Sa/So 11.30–24 Uhr | Weilheimer Str. 21 | Murnau am Staffelsee | Tel. +49 8841 4 85 41 01 | zum-murnauer.de | €€*

7 Kässpatzen zum Niederknien

Willkommen im ältesten Wirtshaus in Murnau: **Zum Beinhofer.** Wo früher Ross und Kutscher Rast machten, werden heute Gäste aus Nah und Fern in urigen Gasträumen und im schattigen Biergarten verwöhnt. Die Küche ist regional mit modernen Einflüssen. Das Graupen-Kürbis-Risotto ein Gedicht. ***Infos:*** *Do/Fr 17–23, Sa/So 11–23 Uhr | Seidlstr. 30 | Murnau | Tel. +49 8841 4 86 80 86 | beinhofer-murnau.de | €€*

EINKAUFEN

8 Ein Duft, der anzieht

Die **Murnauer Kaffeerösterei** bietet Kaffees aus aller Herren Länder samt professioneller Beratung. Verschiedene Kaffeekreationen und leckere Kuchen könnt ihr gleich vor Ort genießen. Interessant sind zudem die angebotenen Kurse rund um das Thema Kaffee. ***Infos:*** *Di–Fr 15–17*

SCHATTENSPENDER

Sie sorgen auf dem Campingplatz Aichalehof dafür, dass das Womo nicht zur Kochkiste mutiert

Uhr | Am Mösl 4 | Murnau | murnauer-kaffeeroesterei.de

9 Bio und regional

Genossenschaftlich organisiert, vereint das **KlosterGut Schlehdorf** ökologische Landwirtschaft und Naturschutz. Auf 50 ha werden Viehhaltung, Gemüseanbau und Obstbau betrieben. Alle Erzeugnisse aus der eigenen Herstellung werden im Hofladen direkt vermarktet. Die Wurst- und Fleischprodukte sind von bester Qualität, ebenso Käse, Schokolade, Müsli und Nudeln. ***Infos:*** *Di/Fr 14–18, Sa 10–15 Uhr | Kirchstr. 15 | Schlehdorf | klostergut-schlehdorf.de*

STELL- & CAMPINGPLÄTZE

10 Freizeit im Blauen Land

Der Platz liegt wunderbar eingebettet im Landschaftsschutzgebiet **Blaues Band** direkt am Ufer des Staffelsees. Eine Liegewiese mit altem Baumbestand lädt zum Sonnenbaden. Das flach abfallende Ufer bietet auch Badespaß für die Kleinsten. Auf dem Spielplatz finden Kinder schnell neue Freunde. Das Sanitärgebäude ist gut in Schuss und das Personal sehr hilfsbereit Es hat stets Tipps für Ausflüge in die Umgebung parat. In der Gaststätte mit Biergarten wird griechische Kost serviert.

Campingplatz Aichalehof

€€ | Aichalehof 4 | 82449 Utting am Staffelsee
Tel. +49 8846 2 11 | aichalehof.de
GPS: 47.698772, 11.158331

▸ **Größe:** *100 Stellplätze*

11 Das kleine Paradies

Dieser Campingplatz in Seehausen (3 km von Murnau) gehört zu den schönsten Plätzen in Deutschland, sagt man. Ruhig auf einer Halbinsel im **Staffelsee** gelegen, mit Blick in die Alpen, bietet der Platz Badevergnügen pur. Aber Vorsicht. Der Weg ins Wasser ist steinig. Mit Spielplatz für die Kleinen und Tischtennisraum für die Großen. Im **Gasthaus Bürgerstübl** wird bodenständig gekocht und auch die wöchentlichen Grillabende mit Livemusik kommen gut an.

Campingplatz Halbinsel Burg 

€€ | Burgweg 41 | 82449 Seehausen am Staffelsee | Tel. +49 8841 98 70 | camping-staffelsee.de
GPS: 47.685176, 11.179286

▸ **Größe:** *130 Stellplätze*

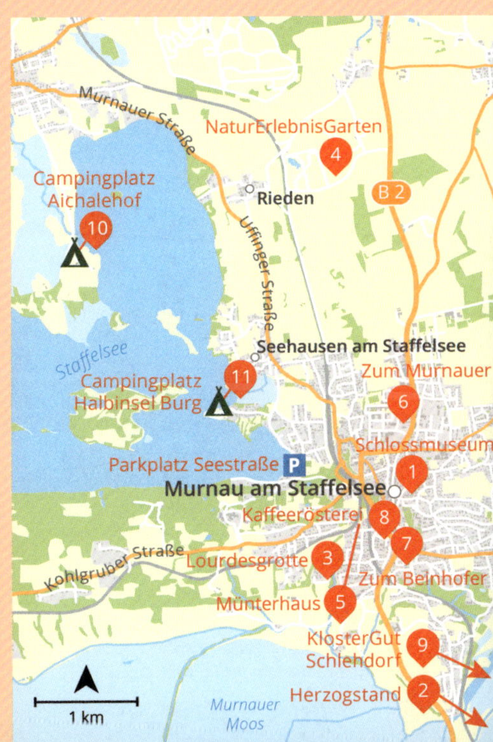

Tegernsee
Einer der schönsten Seen Bayerns

Sein Ruf eilt ihm voraus: der wunderbare Tegernsee zwischen Bad Tölz und Bayrischzell liegt am nördlichen Alpenrand inmitten einer lieblichen Bergwelt. Grüne Wiesen, kleine Wälder und hübsche Ortschaften umgeben ihn. Gmund, das Eingangstor zum See, bietet den schönsten Blick auf den See mit den Bergkulissen im Hintergrund. Das Städtchen Tegernsee besticht mit seinem Schloss – auch viele Reiche und Prominente wohnen hier, wie Fußballstar Manuel Neuer.

P *Ein guter Ausgangspunkt für Wanderungen ist der Zentralparkplatz mitten in Tegernsee (Seestr. 9).*

BERGJUWEL

Die fantastische Lage des Tegernsees genießt man am besten von einem Berg

AKTIVITÄTEN & SIGHTSEEING

1 Brauereibesuch im Schloss Valley

In Valley, gut 20 km nördlich vom Tegernsee, ist der Schlossbesuch samt Wirtshaus und Brauerei ein Muss. Auf der eineinhalbstündigen Führung durch die **Schlossbrauerei** und das alte Sudhaus erklärt der Braumeister persönlich das moderne Handwerk mit alter Tradition Schritt für Schritt. Zum Abschluss werden die Biere verkostet. ***Infos:*** *tgl. 9.30–19 Uhr | Führung 12,50 € | Graf-Arco-Str. 19 | Valley | valleyer.de*

2 Schauen wie's geht in der Naturkäserei Tegernseer Land

Genossenschaftlich vereint, übernehmen die regionalen Bauern die Veredelung und Vermarktung ihrer Heumilch. Ihre Kühe fressen nur bestes Weidegras und Heu. Die Milch wird zu Käse, Butter und Joghurt verarbeitet. Alles kann im Hofladen probiert und gekauft werden. Bei Führungen durch die Käserei erfährst du noch mehr rund um die Heumilch. ***Infos:*** *tgl. 9–18 Uhr | Reißenbichlweg 1 | Kreuth am Tegernsee | naturkaeserei.de*

3 Auf den Riederstein wandern

Die leichte Tour führt auf den 1207 m hohen Riederstein östlich vom Tegernsee. Der Weg verläuft durch schattigen Wald zunächst bis zum **Gasthaus Galaun** *(Mi–Mo | berggasthaus-riederstein-am-galaun.de)*. Nach einer Verschnaufpause geht es noch einmal steil über Stufen hinauf zum Gipfel. Die insgesamt 400 Höhenmeter sind in eineinhalb Stunden überwunden. Belohnt wird man mit einem atemberaubenden Blick über den Tegernsee. Der Abstieg ist ab Galaun über den Auerweg möglich. ***Infos:*** *Start am Sonnleitenweg 16 | Tegernsee*

4 Downhill Adrenalin tanken

Auf dem **Bike Trail Langenau** bei Kreuth südlich des Tegernsees ist Downhillspaß garantiert. Vom Wanderparkplatz Schwaigeralm radelst du über einen Schotterweg zunächst bergauf zur Langenauer Alm. Hier startest du die als „BaySF Bike Trail" ausgeschilderte Abfahrt. 7 km geht's auf dem schmalen, wurzeligen Naturpfad (nur oneway befahrbar) bergab über das Langenauer Tal zurück zur Schwaigeralm *(tgl. 11–22 Uhr)*. Die mittelschwere Abfahrt ist bei

REGENTAG – UND NUN?

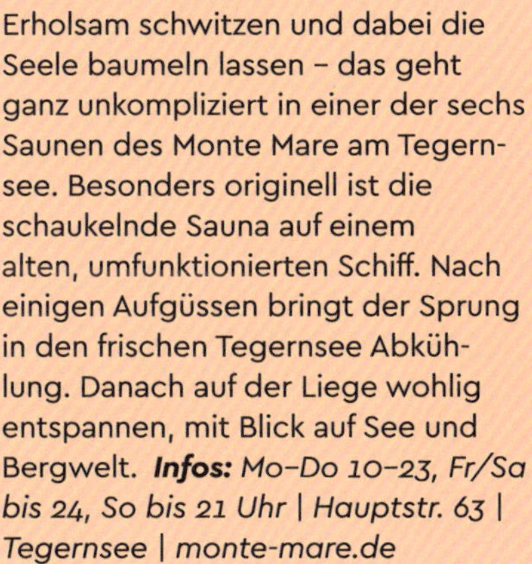

5 Entspannen in der Monte Mare Seesauna

Erholsam schwitzen und dabei die Seele baumeln lassen – das geht ganz unkompliziert in einer der sechs Saunen des Monte Mare am Tegernsee. Besonders originell ist die schaukelnde Sauna auf einem alten, umfunktionierten Schiff. Nach einigen Aufgüssen bringt der Sprung in den frischen Tegernsee Abkühlung. Danach auf der Liege wohlig entspannen, mit Blick auf See und Bergwelt. ***Infos:*** *Mo–Do 10–23, Fr/Sa bis 24, So bis 21 Uhr | Hauptstr. 63 | Tegernsee | monte-mare.de*

guter Kondition in 30 Minuten machbar. ***Infos:*** *Raineralmweg 85 | Kreuth | Start: Schwaigeralm, Raineralmweg 85*

ESSEN & TRINKEN

6 Gedeckt und eingeweckt

Im Restaurant **Geschmackssachen** ist der Name Programm. Christine und ihr Team zaubern vom köstlichen Frühstück über herzhaften Mittagstisch bis zu Kuchen alles mit viel Liebe in der eigenen Küche. Die Mittagskarte überrascht täglich mit neuen Gerichten. Wer nicht genug davon bekommt, kann die Speisen im Einweckglas mitnehmen. ***Infos:*** *Mo–Fr 9–15 Uhr | Schwaighofstr. 77 | Tegernsee | Tel. +49 8022 6 64 29 13 | geschmackssachen-tegernsee.de | €€*

7 Essen mit Aussicht

Hoch über dem Tegernsee thront das Wirtshaus **Schießstätte** mit herrlicher Aussicht. Bürgerliche Küche wird hier mit modernen Einflüssen kombiniert. Die bayrischen Klassiker wie Tafelspitz, Rostbraten und Leberkäs dürfen dabei keinesfalls fehlen. Die Portionen sind üppig und lecker. ***Infos:*** *So–Di 12–22, Fr/Sa 17–22 Uhr | Schützenstr. 4 | Tegernsee | Tel. +49 8022 6 62 22 32 | schiessstaette-tegernsee.com | €€*

EINKAUFEN

8 Hofladen am Boarhof

Anfangs waren der Anbau von Obst und Gemüse sowie die Kleinviehhaltung zur Eigenversorgung gedacht. Heute erntet Familie Bogner auf dem historischen Hof mehr als genug, um die Regale im **Hofladen BrotZEIT & Leben** zu füllen. Honig, Brot, Speck und Käse ergänzen das Sortiment. Wer mag, genießt die Produkte gleich hier im Hofcafé. ***Infos:*** *Do 14–18, Fr 9–18, Sa 9–12*

UNTER KÜHEN UND ZIEGEN

Nicht nur Kinder werden es lieben: Camping auf dem prämierten Bauernhof Gottenau

Uhr | Max-Obermayr-Weg 6 | Bad Wiessee | brotzeit-leben.de

9 Hutmacherei Wiesner

Mit nur 20 Jahren eröffnete Martin Wiesner 2005 seine Hutmacherei. Das seltene Handwerk hatte er in Österreich erlernt. Heute sind die Hüte aus seiner Manufaktur weit über die regionalen Grenzen hinaus begehrt. Der Umzug in größere Räume ließ das Sortimentm Trachtenmode anwachsen. ***Infos:*** *Mi–Fr 9–12, 14–17, Sa 9–12 Uhr | Feldstr. 9 | Rottach-Egern | hutmachererei-wiesner.de*

STELL- & CAMPINGPLÄTZE

10 Einfach traumhaft

Ruhig, persönlich, familiär. So präsentiert sich der kleine Campingplatz in traumhafter Lage, knapp 30 km östlich des Tegernsees. Der Platz ist auf das Wesentliche konzentriert. Neben dem topmodernen Sanitärgebäude gibt es noch ein empfehlenswertes Restaurant mit angenehmem Ambiente und moderner Küche. Die Bergbahn Brauneck ist in 15 Minuten zu Fuß erreichbar. Ein Bikepark liegt um die Ecke.

Bergcamping Lenggries

€€€ | Gilgenhöfe 4 | 83661 Lenggries
Tel. +49 8042 5 64 06 02 | lenggrieser-bergcamping.de | GPS: 47.679973, 11.562843

▶ **Größe:** ***24 Stellplätze, es gibt auch Zimmer und Häuschen zu mieten***

11 Camping auf dem Bauernhof

Hier kann man Natur und Landschaft in vollen Zügen genießen. Der traditionsreiche Hof ist umgeben von weiten Wiesen und bietet alles, was man von einem echten Bauernhof erwartet. Die wenigen Stellplätze liegen traumhaft am Gelände und haben jeweils ein eigenes Bad. Der morgendliche Frühstücksservice mit regionalen Produktensorgt für den idealen Start in den Tag. Für freizeitliche Aktivitäten gibt es in der nahen Umgebung alle Möglichkeiten.

Hof Gottenau

€€€ | Gottenau 1 | 83730 Fischbachau
Tel. +49 8028 21 64 | hof-gottenau.de
GPS: 47.756122, 11.929613

▶ **Größe:** ***2 Stellplätze, Gästezimmer***

KUNSTVOLL

Nicht wohnmobilkompatibel, dafür kunstaffin: die Höllgasse in Passau

Immer an der Donau entlang
Von Regensburg bis Passau

Kein Wunder, dass die Donau so viele Highlights versammelt. Schon Neandertaler und Kelten siedelten hier, und die Anziehungskraft des Flusses wirkt bis heute. Es macht einfach Laune, ihn entlangzureisen. Mit Regensburg und Passau rahmen zwei wunderschöne Städte die Tour ein, mit verträumten Gassen und angesagten Restaurants. Dazwischen thronen Burgen, Schlösser und Klöster, sogar ein griechisch anmutender Tempel und ein nepalesischer Pavillon. Bei der Gäubodenstadt Straubing geht's dann noch in die Tiefe.

Strecke 184 km

Reine Fahrzeit 3 Std. 20 Min.

Streckenprofil Gut ausgebaute Straßen, fast immer ist die Donau in Sichtweite. Die Zufahrten zu den Burgen und Schlössern führen meist über schmale Landstraßen.

Empfohlene Dauer 7–8 Tage

Anschlusstouren
C B D

Tour E im Überblick

Tour-Highlights
Doppelt staunen beim Kloster Weltenburg am Donaudurchbruch ▶ S. 143
Vor Ehrfurcht und Kälte schlottern im Besucherbergwerk Silberberg ▶ S. 147
Aus 60 Biersorten wählen und sauguad essen im Wirtshaus zum Geiss ▶ S. 148
Einen Aber-Hallo-Zusammenfluss am Dreiflüsseeck erleben ▶ S. 151
Auf dem Campingpatz Schrottenbaummühle eingebettet zwischen Felsen und Fluss schlafen ▶ S. 153
Furth im Wald
Nýrsko
Milence
Česko
Rimbach
Hamry
Arrach
Bad Kötzting
Arnbruck
Viechtach
Böbrach
Schwarzer Regen
Zwiesel
Regen
Frauenau
Františkov
Nationalpark Bayerischer Wald
Naturpark Bayerischer Wald
Schloss Offenberg
Schloss Egg
Strážný
Mauth
Grafenau
Gut Aiderbichl
Freyung
Kloster Metten
Deutschland
Moos
Waldkirchen
Osterhofen
A 3
Hauzenberg
Vilshofen an der Donau
18
Passau
Seite 150
Arnstorf
Ortenburg
Silbering
Österreich
Inn
A 3
Pratztrum

E Tourenverlauf

Start & Spot 16

Regensburg
Königin an der Donau ▶ **S. 142**

12 km Vom Zentrum Regensburg oder Azur Camping geht's zunächst über die Donau hinweg, dann über Walhalla-Allee und Donaustaufer Straße bis zur Walhalla (ausgeschildert).

Walhalla

Du fühlst dich wie im alten Griechenland? Kommt hin. Die Walhalla ist ein Ruhmestempel, errichtet zu Ehren namhafter Deutscher seit der Germanenzeit. Vorbild war kein geringerer als der Parthenon, Haupttempel der Göttin Athena, auf der Akropolis. Über 130 Büsten und mehr als 60 Gedenktafeln erinnern an Personen und Taten, darunter 13 Frauen. Nachdem das Heilige Römische Reich Deutscher Nation 1806 zusammengebrochen und Deutschland politisch zersplittert war sowie unter Frankreichs Einfluss stand, fehlte ein gemeinsames „Deutschgefühl", eine Identität. Der bayrische Kronprinz Ludwig I. kam deshalb auf die Idee der Walhalla, benannt nach einer Prachthalle ruhmreich Gefallener der nordischen Mythologie. Übrigens: Jeder kann einen Vorschlag für eine Ehrung in der Walhalla machen, die Person muss nur schon 20 Jahre tot und „teutscher Zunge" sein. Ob's klappt, entscheidet der Bayerische Ministerrat.

i *tgl. 9–18 Uhr | 4,50 €, Audioguide gegen Gebühr, Parkplatz 2,50 € | Walhallastr. 48 | Donaustauf | Vorsicht bei den Stufen und Absätzen – es kommt immer wieder zu Unfällen*

14,5 km Zurück zur Hauptstraße (Regensburger Straße) und links Richtung Wiesent. Am Kreisverkehr kurz vor Wiesent die dritte Ausfahrt nehmen und immer geradeaus bis zum nächsten Zwischenstopp auf der rechten Seite.

Nepal Himalaya Pavillon

Die Reise geht weiter von Griechenland nach Nepal. Willkommen in einer exotischen Welt voller blühender Stauden und Buddhastatuen, mit romantischen Brücken, einem China- und Kräutergarten und viel Wasser. Das optische Krönchen des gleichnamigen **Parks** ist natürlich der Pavillon selbst, zum ersten Mal aufgebaut für die Expo 2000 in

Hannover. Er vereint buddhistischen Stupa und hinduistischen Tempel in einem Bauwerk und soll dazu anregen, die Unterschiede zwischen den Religionen durch Gemeinsames zu überwinden. Mit Ruhe und einem Picknick kann man getrost drei bis vier Stunden für den Besuch einplanen und die meditative Atmosphäre genießen.

i Sa–Mo 12.30–18 Uhr | 10 €, Parkplatz 2 € | Martiniplatte | Wiesent | nepal-himalaya-pavillon.de

28 km Die schnellste Route nach Straubing führt über die A3, schöner und nur 2 km länger ist die Fahrt über die B8 – statt auf die Autobahn aufzufahren einfach 5 km weiter geradeaus und dann links auf die B8.

Spot 17

Straubing
Wo Gäu und Bier das Leben bestimmen ▶ S. 146

20 km Du verlässt Straubing gen Norden über die Westtangente. Bald triffst du auf die Obere Donauschleife, einen von Feldern umgebenen Donauausläufer. Knapp 1 km danach kommt kurz vor Kössnach eine Kreuzung, hier geht's rechts ab und immer geradeaus, unter der A3 hindurch, Richtung Steinach und Mitterfels. In Mitterfels von der Lindenstraße rechts auf die Burgstraße einbiegen. Geschafft. Parkplätze gibt es direkt am Ziel: Burg Mitterfels.

FERNWEH

Wozu in die Ferne schweifen, wenn der Nepal-Himalaya-Pavillon an der Donau liegt?

PILGERZIEL

Hoch über der Donau thront die Marienwallfahrtskirche auf dem Bogenberg

Burg Mitterfels

Zugegeben: Auf den historischen Stichen und Gemälden im Museum sieht die Burg imposanter aus als heute. Aber der von einer alten Mauer umspannte **Burggarten** ist ein herrliches Plätzchen für ein Picknick.

i Museum unregelmäßig geöffnet | Burgstr. 1 | Mitterfels | burgenseite.de/html/mitterfels.de

15 km Nun geht's auf der Bayerwaldstraße gut 1 km Richtung Norden, dann rechts ab auf die Steinburger Straße und auf dieser bis Steinburg. Hier nimmst du im Kreisverkehr die erste Ausfahrt und folgst dieser Straße (St2139) an Feldern vorbei bis zum nächsten Zwischenstopp.

Pfarrei Bogenberg

Markant ragt der Bogenberg 432 m links der Donau in den Himmel. Obendrauf: die älteste Marienwallfahrtskirche Bayerns. Das kam so: Im Jahr 1104 trieb dem Grafen Aswin von Bogen ein Marienbild auf der Donau entgegen. Er stellte es in seiner Schlosskapelle auf, und die Legende vom Heiligen Berg war geboren. Bald strömten viele Pilger hierher. Noch heute werden **Wallfahrten** auf den Bogenberg unternommen. Berühmt ist die der Holzkirchener. Immer zum Pfingstsonntag marschieren sie in zwei Tagen die 75 km nach Bogen und tragen dabei eine 50 kg schwere und 13 m hohe Kerze mit sich – ein Opfer, das auf ein Gelübde aus dem Jahr 1475 zurückgehen soll. Schon damals waren die Wälder um Holzkirchen vom Borkenkäfer bedroht. Fällt die Kerze beim Transport auf den Berg um, droht Unheil. Das geschah 1913 und 1938 – jeweils vor Beginn des Ersten und Zweiten Weltkriegs. Auf dem Friedhof der Kirche stehen sehr alte Grabsteine mit spannenden Inschriften, im **Museum** tauchst du in die Geschichte der Pfarrei ein.

i *Museum: Do/Fr 14–17, Sa/So 12–17 Uhr | Bogenberg 10 | Bogen | pfarrei-bogenberg.de*

20 km Wieder an der Landstraße, geht es nach rechts Richtung Geflügelhof. Nach 500 m noch einmal rechts, an der Hauptstraße wieder links Richtung Deggendorf halten und nun immer parallel und links der Donau bleiben. Kurz vor Kleinschwarzach liegt links ein **Vogelschutzgebiet.** Auf 63 ha Sumpfwiesen leben hier über 220 Vogelarten wie Graureiher, Uferschnepfen, Eisvögel und Rohrweihen. Gleich hinter dem Weiher geht es links ab nach **Offenberg,** noch mal über die Autobahn hinweg und der Ort ist erreicht. Um zum Schloss zu kommen, biegst du rechts in die Graf-Bray-Straße ein und folgst ihr bis zur nächsten Kreuzung. Nun links und nach 300 m noch mal links, dann ist die Zufahrt zum Schloss erreicht.

Schloss Offenberg

Das Schmuckkästchen am Fuß des Bayerischen Waldes hat eine bewegte Geschichte. Die einstige Burganlage wurde im 18. Jh. zum barocken Lustschloss umgebaut. Heute befindet sich das Anwesen in Privatbesitz und bietet einen festlichen Rahmen für Hochzeiten, Tagungen und kulturelle Events. Aber auch ohne großen Anlass ist es ein schöner Anblick.

i *Schlossberg 1 | Offenberg | schloss-offenberg.de*

P *Parkplatz direkt am Schloss*

5,5 km Wieder an der Landstraße, biegst du rechts ab, bis es nach 2 km bei Neuhausen, einem Ortsteil von Offenberg, links in die Josef-Zierer-Allee geht. Nach 600 m rechts in die Fritz-Schäffer-Straße einbiegen und dieser geradeaus bis ins Zentrum von Metten folgen. Am Gasthaus Mettener Hof links halten und gleich in der Rechtskurve die Zufahrt zum **Parkplatz** des KLosters Metten nicht verpassen.

Kloster Metten

Zwischen den Ausläufern des Bayerischen Waldes und dem Donautal liegt kurz vor Deggendorf die Benediktinerabtei Metten. Ein Bummel durch die 1250 Jahre alte Barockanlage wie auch die Gesänge der Mönche wirken beruhigend und stärkend. Eine Führung durch die **Bibliothek** *(10, 15 Uhr)* ist sehr unterhaltsam, die **Klostergärtnerei** *(Mo–Fr 8–12, 13–18, Sa 8.45–12 Uhr)* bestens sortiert und der Kuchen im **Café** köstlich.

i *Abteistraße 3 | Metten | kloster-metten.de*

4,3 km Eine romantische Kurvenstraße führt zum nächsten Stopp. An der Klosterausfahrt rechts auf die Egger Straße abbiegen und dieser bis zum Schloss Egg folgen. Ein Parkplatz befindet sich direkt vor Ort.

Schloss Egg

Über 900 Jahre hat die Ritterburg schon auf dem Buckel. Das Fallgitter am Eingangsturm, Zugbrücke, Folterkammer und Verließ sind Zeugen mittelalterlicher Zeit. Im 19. Jh. folgte dann der Umbau zum Märchenschloss im neoklassischen Stil. Ihr könnt die Burganlage selber erkunden oder euch durch die Räumlichkeiten führen lassen. Nicht den Aufstieg auf den 45 m hohen Burgfried verpassen. Die Aussicht ist fantastisch!

i *tgl. 10–17 Uhr | 5 €, Kinder (6–18 J.) 3 € | Egg 2 | Bernried | schloss-egg.de*

15 km Nun der Egger Straße bis Deggendorf folgen, jedoch nicht in den Ort hinein, sondern am Kreisverkehr die zweite Ausfahrt auf die Umgehung (Konrad-Adenauer-Straße) und am nächsten Kreisel erneut die zweite Ausfahrt nehmen (Schauflinger Straße). Auf dieser Straße bleiben, bis es kurz hinter Haslach rechts und kurz hinter Gören nach links Richtung Krösbach geht. 1 km nach diesem Ort biegt ihr rechts in Richtung Eichberg ab, dann ist Gut Aiderbichl erreicht.

Gut Aiderbichl bei Deggendorf

Auf dem alten Gutshof finden ausgesetzte Haustiere ein neues Zuhause. Mehr als 300 Tiere konnten schon aufgenommen werden. Eine 40-minütige Führung (tgl. 11, 13 und 15 Uhr) gibt Einblicke in den Arbeitsalltag des Teams und die Schicksale der tierischen Bewohner. Die Fütterung der Tiere ist besonders bei Kindern sehr beliebt.

i tgl. 9–18 Uhr | 8 €, Kinder (4–14 Jahre) 4,50 €, inkl. Führung | Eichberg 26 | Deggendorf | gut-aiderbichl.com

Insider-Tipp
Futter für Zweibeiner

Auf Gut Aiderbichl wird auch für Besucher gesorgt: Mit einem gefüllten Picknickkorb könnt ihr euch auf der großen Wiese niederlassen (32 € p. Pers. inkl. Equipment).

50 km | An der Straße nach Eichberg links fahren und an der nächsten Hauptstraße rechts. In Unterfrohnstetten erneut rechts auf die Erlachstraße abbiegen und nach 3 km die Auffahrt rechts auf die B533 nehmen. Nach ca. 5 km kommt die Donau wieder in Sicht. Beim Netto im Dorf Winzer biegst du links auf die Passauer Straße ab, die dich fast bis nach Passau bringen wird. Das Land ist flach, die Donau verläuft nun parallel, hier und da taucht eine Burgruine auf. Hinter Maierhof am Hornbach biegst du rechts auf die Franz-Josef-Strauß-Brücke/B12 (Schilder nach Fürstenzell) und überquerst die Donau. Nach 500 m wieder leicht rechts halten Richtung Westendstraße und links auf die äußere Spitalhofstraße fahren, die ins Zentrum von Passau führt.

Ziel & Spot 18

Passau
Hippe Studentenstadt an drei Flüssen ▶ **S. 150**

HAPPY END

Auf Gut Aiderbichl fühlen sie sich sichtbar wohl

Regensburg
Königin an der Donau

Keine geringeren als Venedig und Paris waren einst enge Handelspartner der „Königin" an der Donau. Sicher haben die Händler schon im späten Mittelalter den Regensburger Dom bestaunt, der so hoch ist, wie 1050 aneinandergereihte Regensburger Knacker, die 10 cm langen Bratwürste – eine Spezialität der Stadt. Der mittelalterliche Stadtkern ist Unesco-Welterbe, die engen Gassen, Flusspromenaden, die besiedelten Donauinseln oberer und unterer Whörd sowie das Viertel Stadt am Hof sind einfach nur hinreißend. Und wieso heißt es Regensburg? Weil der Regen hier in die Donau mündet!

P *Der Parkplatz Wöhrdstraße (gebührenpflichtig) befindet sich mitten in der Innenstadt auf der Donauinsel Unterer Wöhrd.*

MEISTERWERK

Die älteste Brücke Deutschlands führt direkt in die Altstadt von Regensburg: die Steinerne Brücke

AKTIVITÄTEN & SIGHTSEEING

1 Bratwürstl schmausen auf der Steinernen Brücke

Die älteste Bratwurststube der Welt steht gleich an der historischen Steinbrücke über die Donau. Das hat seinen Grund: Als die Bauarbeiter die gigantische Brücke im 12. Jh. schufen, gönnten sie sich zur Stärkung ein Würstl vom Holzkohlegrill einer Garküche, aus der später die **Historische Wurstkuchl** wurde. Die Brückenmarkierungen zeigen, dass der Würstlbude schon öfter das Wasser bis zum Hals stand – was nicht am Besuchermangel lag, sondern am Hochwasser der Donau. Auch die Brücke – die älteste Deutschlands – wurde mehrmals beschädigt. 800 Jahre lang überwand sie als einzige Brücke beide Donauarme. ***Infos:*** *tgl. 9–19 Uhr | Thundorfer Str. 3 | Regensburg | wurstkuchl.de | €€*

2 Frösteln im Reichstagsmuseum im Alten Rathaus

Wo heute der Oberbürgermeister sitzt und Paare sich das Ja-Wort geben, fanden zur Zeit des Heiligen Römischen Reiches Deutscher Nation die Reichsversammlungen statt. Und nicht nur das. Auf dem „spanischen Esel", ein Sitzbock mit Metallzacken, oder der „schlimmen Liesl", ein rundum mit Zacken gespickter „Beichtstuhl", wurden in Deutschlands einziger original erhaltener „Fragstatt" im Keller des **Alten Rathauses** Menschen so lange gefoltert, bis sie gestanden. Bei Führungen lassen Schauspieler das Grauen von einst wieder lebendig werden. Schreien erlaubt. ***Infos:*** *Zutritt nur mit Führung (60 Min.) | tgl. ab 10 Uhr | 5 €, ermäßigt 2,50 € | Rathausplatz 4 | Regensburg | regensburg.de/kultur/museen/alle-museen/document-reichstag*

3 Kloster Weltenburg am Donaudurchbruch besuchen

Rund 32 km von Regensburg beamt es dich komplett ins Mittelalter, das Setting erinnert an Bruchtal in „Herr der Ringe": Das im 6. Jh. gegründete Benediktinerkloster St. Georg südlich von Kelheim liegt spektakulär an einer Donauschleife, umrahmt von bis zu 80 m hohen Felswänden des **Donaudurchbruchs.** Die Engstelle im Flusstal verjüngt die Donau auf 110 m Breite. Dafür ist sie hier bis zu 20 m tief. In der **Klosterschänke** mit Biergarten im Klosterinnenhof gibt es

REGENTAG – UND NUN?

4 Über Mammuts in der Tropfsteinhöhle staunen

Eine weltweit bisher einzigartige Projektion auf die Höhlenwände katapultiert dich mitten in die Zeit der Mammuts und Neandertaler. Im Jurameer schwimmen Dinos vorbei und schließlich flutet die Ur-Donau die **Höhle Schulerloch.** Und ganz nebenbei beeindrucken die Tropfsteine. ***Infos:*** *nur mit Führung, alle 30 Min., April–8. Nov. tgl. 10–16.30 Uhr | 5,50 €, Kinder (4–15 J.) 4 € | Am Schulerloch 1a | Essing | schulerloch.de*

Frischgezapftes ***Infos:*** *Führung mind. 10 Tage vorab online buchen 3 € | Kinder 1,50 € | Asamstr. 32 | Kehlheim | kloster-weltenburg.de |*

Insider-Tipp

Pack die Badehose ein

Beim Kloster lädt eine Badestelle an der Donau nach der inneren Einkehr zur äußeren Erfrischung.

5 Neandertalern und Kelten nachspüren

In und um Kehlheim, etwa 30 km von Regensburg entfernt, lebten vor etwa 2000 Jahren Kelten. Auf einer 39 km langen geführten Route durch den **Archäologie-Park Altmühltal** *(frei zugänglich | naturpark-altmuehltal.de)*, die du am besten per Fahrrad entlangradelst, siehst du, wie sie wohnten, schliefen, kochten. Wer nicht genug von der Vergangenheit bekommen kann: Im **Archäologischen Museum Kelheim** *(Di–So 10–17 Uhr | 4 €, Kinder 2 € | Lederergasse 11 | Kehlheim | archaeologisches-museum-kelheim.de)* geht die Zeitreise weiter mit Funden von Neandertalern und Co.

ESSEN & TRINKEN

6 An Gemütlichkeit kaum zu übertreffen

Im **Biergarten Auerbräu** sitzt man herrlich unter großen Bäumen bei bayrischen Schmankerln und kühlem Kneitinger Bier. Auch für Vegetarier ist gesorgt. Die Schwammerl mit Semmelknödel sind mein Tipp. Bis spät in die Abendstunden wird in lauer Nacht geratscht. Die historische Gaststube mit dem Kachelofen ist ein Juwel der bayrischen Wirtshauskultur. ***Infos:*** *tgl. 11–0.30 Uhr | Schwandorfer Str. 41 | Regensburg | Tel. +49 941 8 85 97 | Facebook: Auerbraeu | €€*

7 Vegetarisch und vegan genießen

Bei so viel Knackwurst und Co ist das Essen im **kAffé dAdA** eine gelungene Abwechslung: Vegane Burger, Suppen und Salate stehen zur Wahl. Ergänzt wird der Genuss durch hausgebackene Kuchen und kräftige Kaffeekreationen. Das Ambiente ist angenehm schlicht, und der Service hat stets ein Lächeln auf den Lippen. ***Infos:*** *tgl. 11–24, Fr/Sa bis 1 Uhr | Rote-Löwen-Str. 11 | Regensburg | Tel. +49 941 56 99 34 89 | kaffe-dada.com | €*

EINKAUFEN

8 Stöbern in 1000 schönen Dingen

Mit Herz & Hand heißt das Motto im **Donaustern.** Und das merkt man schnell: Regional, handverlesen und fernab von Massenware ist das Angebot an ausgefallenen Accessoires. Das freundliche Team steht gern beratend zur Seite. Einfach toll. ***Infos:*** *Mo–Fr 10–13, 14–18, Sa 11–16 Uhr | Brückstr. 3 | Regensburg | donaustern.de*

9 Alles Bio

Bio ist mehr als nur eine Modeerscheinung. Dieses Motto vertreten die Inhaber der **Bio Insel Stadtamhof** lei-

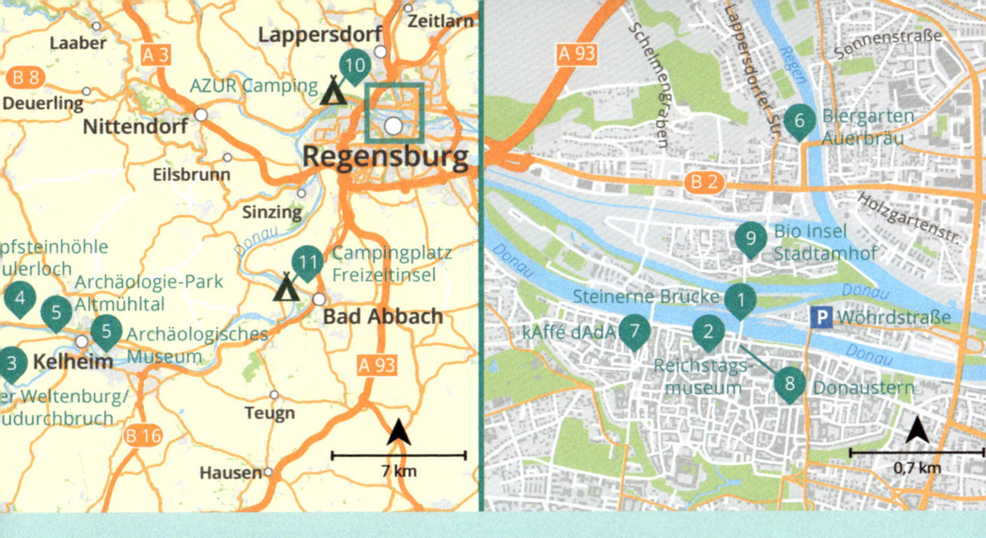

denschaftlich. Auf 400 m² werden Dinge des alltäglichen Bedarfs, regionale Erzeugnisse, aber auch Ausgefallenes angeboten, natürlich alles bio. Nicht ganz günstig, aber interessant. ***Infos:*** *Mo–Fr 8–19, Sa bis 18 Uhr | Andreasstr. 1 | Regensburg | bioinsel-stadtamhof.de*

STELL- & CAMPINGPLÄTZE

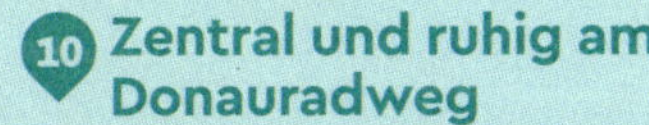

10 Zentral und ruhig am Donauradweg

Die parkähnliche Anlage mit altem Baumbestand ist eine gute Basis für die Erkundung der Stadt, denn der **Donauradweg** führt direkt daran vorbei und ins Herz von Regensburg. Oder man nimmt den öffentlichen Bus. Linie 11 hält am Platz und fährt ins 3,5 km entfernte Stadtzentrum. Ansonsten fehlt es an nichts. Ein kleiner Shop, eine gute Gaststätte und der morgendliche Brötchenservice samt Coffee to go an der Rezeption sind vorhanden.

AZUR Camping

€€€ | Weinweg 40 | 93049 Regensburg
Tel. +49 711 4 09 35 10 | azur-camping.de
GPS: 49.027986, 12.058788

▸ ***Größe:*** *200 Stellplätze, auch gemütliche Campingfässer werden vermietet*

11 Top modern und brandneu vor den Toren der Stadt

Der terrassiert angelegte Campingplatz liegt zwischen Kehlheim und Regensburg direkt an der Donau. Mit dem Rad brauchst du am Fluss entlang sowohl nach Regensburg wie auch nach Kehlheim etwa eine Stunde. Die Sanitäranlagen samt Babywickeltisch sind neu, modern und top gepflegt, und das Team ist sehr herzlich. Im **Inselcafé** gibt es leckeres Frühstück und hausgebackenen Kuchen. Der Spielplatz und ein paar Ziegen machen auch kleine Gäste glücklich. Gleich in der Nähe lockt das **Inselbad** zu einem Sprung ins erfrischende Wasser.

Campingplatz Freizeitinsel

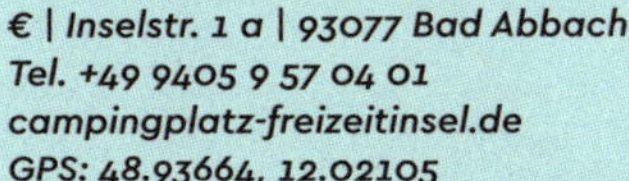

€ | Inselstr. 1 a | 93077 Bad Abbach
Tel. +49 9405 9 57 04 01
campingplatz-freizeitinsel.de
GPS: 48.93664, 12.02105

▸ ***Größe:*** *65 Stellplätze auf 120 m²-Parzellen*

Straubing
Wo Gäu und Bier das Leben bestimmen

Schon mal was von Gäuboden gehört? In dieser besonders fruchtbaren Region liegt Straubing, das schon von weitem mit seiner markanten Silhouette aus mittelalterlichen Türmen grüßt. Der Gäuboden ist ein Lössgebiet. Hier hat sich in der letzten Eiszeit eine sechs Meter dicke Schicht aus Kalksediment abgelagert. Seltene Pflanzen- und Tierarten haben in Straubings Umgebung ihren Lebensraum. Das Klima der Stadt ist, geschützt durch den Bayerischen Wald und die niederbayrischen Hügel, mild und perfekt, um draußen unterwegs zu sein.

P *Kostenlos ist der Großparkplatz Am Hagen (mit WC). Ins Zentrum sind es zu Fuß nur 600 m.*

GÄUBODENFEST

Elf Tage im August feiern sich Stadt und Region

AKTIVITÄTEN & SIGHTSEEING

1 Stadtführung mit kulinarischem Genuss

Zwei Bedürfnisse mit einer Klappe sind bei dieser **Stadtführung** erfüllt: Vier Stunden schlenderst du dabei durch Straubing, lernst die Geschichte und Anekdoten der Gäubodenstadt kennen und genießt ein tolles 4-Gang-Menu. Das *Gangerl* hangelt sich zu vier Lokalitäten (s. S. 149). Hier pausieren die Teilnehmer und werden mit Vorspeise, Zwischengang, Hauptgang und Nachspeise verwöhnt. ***Infos:*** *15–20 Uhr an festgelegten Terminen | 85 € | Tel. +49 9421 78 86 80 | Termine und Reservierung telefonisch*

2 Auf Schatzsuche gehen

Der Gäuboden gilt als Kornkammer Bayerns. Der fruchtbare Kalklössboden ist sehr mineralreich, somit ein guter Nährboden für die Landwirtschaft. Klar, dass die Gegend seit jeher umkämpft und schon bei den Germanen das Ziel von Beutezügen war. Das **Gäubodenmuseum** erzählt die Geschichte der Region von den ersten Siedlungen bis heute. Faszinierend ist der Römerschatz, der hier vor Jahren gefunden wurde. Audiostationen und Tastobjekte informieren auf unterhaltsame Weise. ***Infos:*** *Di–So 10–16 Uhr | 4 €, Kinder 1 € | Fraunhoferstr. 23 | Straubing | gaeubodenmuseum.de*

3 Hopfen in Bier verwandeln

Den Brauprozess vom Sudhaus bis zur Abfüllung mitzuerleben, ist für alle Bierliebhaber ein Muss. Bei einer Führung durch die **Karmeliten-Brauerei** wird der Ablauf schrittweise vorgestellt. Wer auch kosten möchte, ist bei den Biersommeliers richtig. Bier mit Käse oder Bier mit Schokolade? Alles lecker. ***Infos:*** *Mo–Fr 7–12, 12.45–16 Uhr | Führungen ab 9 € | Senefelderstr. 21 | Straubing | 4 km östl. vom Zentrum | karmeliten-brauerei.de*

4 Den Stadtturm erklimmen

Der 67 m hohe Stadtturm mit seinem markanten Aussehen ist das **Wahrzeichen** von Straubing. Dort oben wohnte noch bis 1930 der Türmer, der bei Feuer Alarm schlug und nach Donauschiffen Ausschau

REGENTAG – UND NUN?

5 In die Unterwelt abtauchen

Größer als 1,80 m? Dann die nächsten 45 Minuten den Kopf einziehen. Die Führung durch die engen Stollen des historischen **Besucherbergwerks Silberberg** mitten im Bayrischen Wald hat spannende Geschichten über den Knochenjob des Erzabbaus parat, auch alte Gerätschaften werden angeworfen. Im Bergwerk ist es mit 5 °C recht kalt, selbst im Sommer. Auch für Kinderwagen und Rollstuhl geeignet. ***Infos:*** *Juli–Nov. tgl. 10–16 Uhr | 8,40 €, Kinder (4–15 J.) 5,40 €, nur Barzahlung, | Silberberg 28 | Bodenmais | silberberg-online.de | Imbiss* ***Parken:*** *kostenloser Parkplatz unterhalb von Gondel und Bergwerk*

hielt. Sah er eins, hängte er eine rote Fahne aus, und schon machten sich die Zöllner auf die Socken, um vom Kapitän die fällige Maut einzutreiben. Wer die Führung „Über den Dächern von Straubing" bucht, kann die Türmerwohnung besuchen. Der Blick von oben – grandios! ***Info:*** *4 € | straubing.de*

Insider-Tipp
Sag das doch gleich

Mit der aktivCARD Bayerischer Wald ist der Eintritt in vielen Sehenswürdigkeiten frei. So auch im Bergwerk in Bodenmais im Bayrischen Wald (s. S. 147, aktivcard-bayerischer-wald.de).

ESSEN & TRINKEN

6 Frühstück und Schokoeis

Im frischen Ambiente von **Anna liebt Brot und Kaffee** genießt man ein Frühstück der Extraklasse, und das nicht nur am Vormittag. Hier bedienst du dich zwar selbst, doch das Brot, die Marmeladen und Kaffeekreationen sind den Einsatz wert. Hausgemachter Kuchen und kräftiges Schokoladeneis runden das tolle Konzept ab. ***Infos:*** *Mo–Sa 8.30–18 Uhr | Ludwigsplatz 45 | Straubing | Tel. +49 9421 7 03 91 65 | anna-cafe.de | €€*

7 Eine der 4-Gänge-Stationen

Die *sauguade* Speisekarte im **Wirtshaus zum Geiss** harmoniert perfekt mit dem Ambiente und dem freundlichen Service. Backhendl und Schweinsbraten für Gourmands, knackige Salate und Steinpilztortellini für die anderen. Die Wirtin ist zertifizierte Biersommelière und berät gerne. Um die 60 Biersorten stehen zur Wahl. Welche Qual. ***Infos:*** *Di–So 11.30–14, 17–23 Uhr | Theresienplatz 49 | Straubing | Tel. +49 9421 30 09 37 | zum geiss-straubing.de | €€*

MY WOMO IS MY CASTLE

Die Freiheit des Camping bedeutet auch, immer im eigenen Bett schlafen zu können

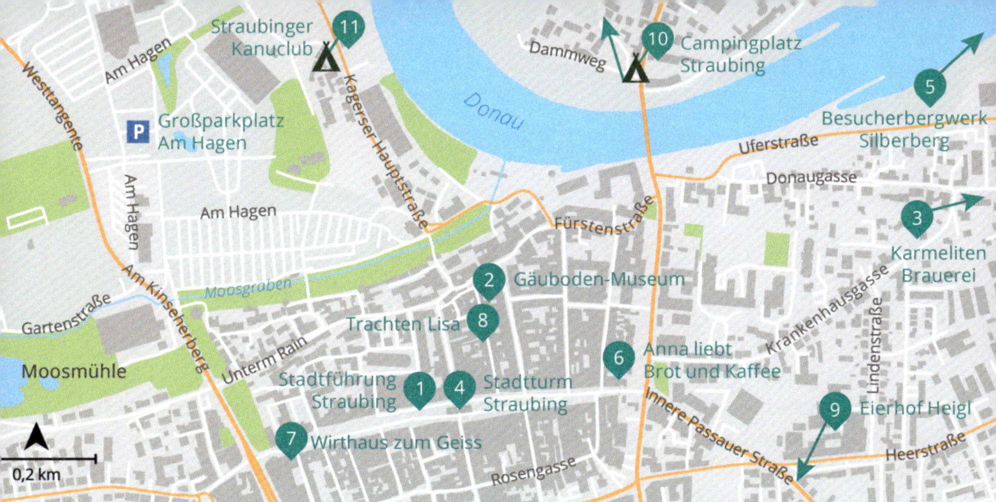

EINKAUFEN

8 Des Liesels neue Kleider

Eine Institution in Sachen Trachten: Aus 700 verschiedenen Dirndlmodellen kannst du bei **Trachten Lisa** deins auswählen. Auch Kinder und Männer werden hier fündig. ***Infos:*** *Mo–Fr 9.30–18, Sa bis 16 Uhr | Fraunhoferstr. 11 | Straubing | trachten-lisa.de*

9 Ach du dickes Ei

Der kleine Hofladen **Eierhof Heigl** bietet neben Eiern, frischem Geflügel, Eiernudeln und -likör noch viele regionale Produkte wie Gemüse, Marmeladen und Honig. Es ist nicht immer alles vorrätig, dafür immer alles frisch. ***Infos:*** *Mo–Do 9–12, Fr 8–18, Sa 8–13 Uhr | Landshuter Str. 148 | Straubing | eierhof-heigl.de*

STELL- & CAMPINGPLÄTZE

10 Im Grünen UND stadtnah

Durch viel Grün herrlich arrangierte Anlage mit Donau samt Radwanderweg vor der Tür und Schwimmbad um die Ecke, knapp 2 km bis ins Stadtzentrum. Lokal mit Biergarten und sehr guter bayrischer Kost, auch das WLAN funktioniert zügig. Der nette Betreiber hat immer gute Ausflugstipps parat.

Campingplatz Straubing 

€€ | Wundermühlweg 9 | 94315 Straubing
Tel. +49 9421 8 97 94 | campingplatzstraubing.de
GPS: 48.893308, 12.575824

▶ **Größe:** ***70 Stellplätze***

11 Besser geht's nicht

Feine Camperoase auf dem Gelände des Straubinger Kanuclubs am **Donauufer,** nur zehn Gehminuten von der Altstadt entfernt. Gemütlich und familiär. Im Vereinslokal gibt's neben Hausmannskost auch Vegetarisches und das Fassbier „auf Deckel". Bootsverleih und Kanukurse am Platz. Im Juli findet auf der Donau das Drachenbootrennen statt.

Straubinger Kanuclub

€ | Kagerser Hauptstr. 44 | 94315 Straubing
Tel. +49 9421 1 25 22 | straubinger-kanuclub.de
GPS: 48.887531, 12.5668

▶ **Größe:** ***120 Stellplätze***

Passau
Hippe Studentenstadt an drei Flüssen

Das Leben in Passau ist vom Wasser geprägt. Die Altstadt mit ihren verwinkelten Gassen scheint auf einer Insel zu liegen. In Wirklichkeit ist sie umrahmt von Inn, Donau und Ilz, die sich gemächlich ihren Weg bahnen und hier das Dreiflüsseeck bilden. So viel Wasser ist wunderbar, auch für die 12 000 Studenten der Stadt, die nach der Vorlesung die Innpromenade bevölkern. Doch Wasser birgt auch Gefahr. Am Rathaus sind die Pegel des Hochwassers markiert. Erst 2013 stand ein Großteil der Stadt unter Wasser – die bisher zweitschlimmste Flutkatastrophe in ihrer Geschichte.

P *Vom Womo-Parkplatz Ilzbrücke in der Halser Straße ist alles zu Fuß leicht erreichbar.*

DREI FARBEN – DREI FLÜSSE

Viel Wasser ist herrlich – manchmal auch gefährlich, wie Passaus Hochwassermarken belegen

AKTIVITÄTEN & SIGHTSEEING

1 In der Höllgasse Kunst von Nahem betrachten

In der engen mittelalterlichen Gasse stehen alle Häuser unter Denkmalschutz. „Höll" hat hier nichts mit Satans Reich zu tun, sondern ist Althochdeutsch und bedeutet enger Raum oder lauter Schall. Probier's aus! In der Höll samt Seitengassen haben viele Künstler ihre Ateliers. Sie sind es auch, die das Kopfsteinpflaster regelmäßig bunt bemalen. Schau in **Die offene Werkstatt** *(Di–Fr 14–17, Sa 11–15 Uhr | Pfaffengasse 2)* oder gönn dir was Süßes im **Hansel und Gretel** *(tgl. 9–18 Uhr | Pfaffengasse 3)*. Zur Kunstnacht im Juli wird die Höllgasse zur Open-Air-Bühne für Kunst.

2 Per Schiff ins Dreiflüsseeck schippern

Donau, Inn und Ilz – gleich drei Flüsse fließen an der östlichen Spitze der Altstadt zusammen.Vom Wasser aus ist es beeindruckend, wie die unterschiedlich gefärbten Flüsse ineinanderfließen, der Inn hell, die Ilz ganz dunkel und die Donau irgendwas dazwischen. 45 Minuten dauert die **Dreiflüsse-Stadtrundfahrt** mit Infos und Anekdoten zu Passau. ***Infos:*** *9,50 €, Kinder (6–13 J.) 4,75 € | donauschiffahrt.de | Tickets gibt es direkt an der Anlegestelle A11 an der Fritz-Schäffer-Promenade*

3 Den Kopf frei wandern

Mal wieder richtig abschalten bei tollen Ausblicken und naturbelassenen Uferhängen? Der **Donau-Panoramaweg** zwischen Neustadt und Passau immer entlang der Donau ist die beste Therapie. Der schöne Abschnitt bei Passau bietet viel Natur und das ganz nah der Stadt. Mit etwas Glück kannst du am Donauufer Wasserschildkröten entdecken. Vom Dreiflüsseeck geht's über die Prinzregent-Luitpold-Brücke und dann über den Ludwigsteig durch den Wald zur Veste Oberhaus. Wer will, kann noch weiter wandern, immer der Donau nach. ***Infos:*** *donaupanoramaweg.de*

4 Ultimativer Stadtblick

Dieses Panorama von der **Veste Oberhaus** solltet ihr euch nicht entgehen lassen: Die Drei-Farben-Flüsse, die engen Gassen, hohen Türme und schicken Altbauten bieten einen fantastischen Anblick. Dazu gönnt ihr euch ein Bier und bei Interesse einen Abstecher ins **Museum,** das über die Geschichte

REGENTAG – UND NUN?

5 Vorsicht zerbrechlich!

Wofür Glas alles genutzt und wie kunstvoll es geformt werden kann, wird im **Glasmuseum** offenbar. Die Bedeutung des flexiblen Materials in verschiedenen historischen Epochen und Regionen ist in der Ausstellung wunderschön inszeniert. Dagegen sind wir heute glastechnisch eher langweilig unterwegs. ***Infos:*** *tgl. 9–17 Uhr | 7 € | Schrottgasse 2 | Passau | glasmuseum.de*

der Burg und das Leben der Rittersleut' aufklärt. Alternativ fahrt ihr bis zum Besucherparkplatz und steigt dort in den Aufzug zur Veste. ***Infos:*** *15. März–15. Nov. Mo–Fr 9–17, Sa /So 10–18 Uhr | 5 € | Oberhaus 125 | oberhausmuseum.de*

ESSEN & TRINKEN

6 Wurst ohne Wurst? Lecker!

Mitten im Zentrum liegt etwas versteckt das **Frau Dunschn,** ein veganer Imbiss mit Hostel. Im idyllischen Hinterhof kommen neben Salaten und Burgern auch Falaffel und Currywurst auf den Teller. Alles vegan! ***Infos:*** *Mo–Fr 12–17 Uhr | Ludwigstr. 18 | Tel. +49 851 98 85 39 70 | fraudunschn.de | €€*

7 Burger, Bier und Ambiente

Die medium gebrutzelte Fleischscheibe kommt im gesunden Körnerbrötchen daher, dazu passt ein kühles Pale Ale. Das Ambiente im **Max + Muh** ist stylisch mit rauen Tischplatten, Werkbänken und Vintage-Accessoires. Rundum gelungen. ***Infos:*** *So–Fr 11.30–23/24, Sa 11–24 Uhr | Grabengasse 25 | Tel. +49 851 20 95 33 30 | maxundmuh.de | €€*

EINKAUFEN

8 Mitten im Schlaraffenland

Prall gefüllt sind Regale und Theke von **Bachl Feinkost** mitten in Passau. Seit über 30 Jahren betreibt Rupert Bachl leidenschaftlich sein Geschäft. Ob französischer Käse mit Feigen-Senf-Chutney, feine Schinken oder erlesene Weine – wer es nicht aushält, probiert gleich vor Ort. ***Infos:*** *Mo–Fr 9–18, Sa 9–13 Uhr | Roßtränke 13 | bachl-feinkost.de*

9 Die Welt der süßen Sünden

In der **Lebkuchenwerkstatt Greindl** gibt es außer Herzen mit schnulzigen

EIN SCHÖNES STELLPLÄTZCHEN

Findet sich in Bayern fast immer, zumindest für eine Nacht

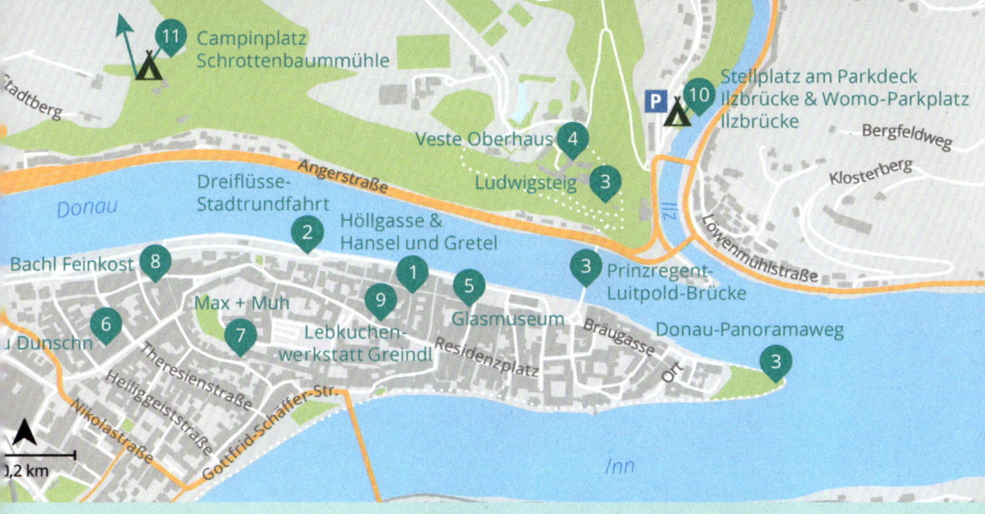

Sprüchen auch Lebkuchen in Form von Lederhose oder Dirndl. In einem Workshop kannst du sogar dein persönliches Lebkuchenherz kreieren. Neben Cupcakes und handgefertigten Pralinen sind die pastellfarbenen Macarons unwiderstehlich. **Greindl-Cafés** gibt es mehrere in der Stadt ***Infos:*** *tgl. 10–17, So ab 11 Uhr | Steinweg 2 | greindl-passau.de*

Insider-Tipp

Eiskalte Versuchung

Bei Greindl musst du die Eissorten Heidelbeere-Lavendel und Haferflocken-Johannisbeere probieren. Du wirst dafür nach Passau ziehen wollen.

STELL- & CAMPINGPLÄTZE

10 Optimal für eine Nacht

Kleiner, gut ausgestatteter Stellplatz an der **Ilz,** perfekt für einen Kurzbesuch der schönen Stadt. Veste und historische Altstadt sind nur wenige Gehminuten entfernt. Dafür sind die Stellflächen etwas enger und die Nacht nicht ganz so ruhig. Ein Spielplatz ist in der Nähe, Hunde finden es super im Fluss. Maximal 24 Stunden Aufenthalt.

Stellplatz Am Parkdeck & Womo-Parkplatz an der Ilzbrücke

€ | Halser Str. 1 | 94034 Passau
Tel. +49 9405 9 57 04 01
GPS: 48.578186, 13.473586

▸ **Größe:** *13 Stellplätze*

11 Idyllisch wohnen

Superschön und ruhig am Ufer der dahinplätschernden Ilz gelegener Platz, 30 km nördlich von Passau. Ob auf der Wiese, am Felsen oder gleich am Wasser – es gibt nur entzückende Flecken. Mit kleiner Badestelle in der Ilz und Spielplatz. Abends plant man am Lagerfeuer den nächsten Tag. Im Gasthaus werden bayrische Schmankerl serviert, der Hit sind die fangfrischen Forellen!

Campingplatz Schrottenbaummühle

€ | Schrottenbaummühle 1 | 94142 Fürsteneck
Tel. +49 8504 17 39 | schrottenbaummuehle.de
GPS: 48.73463, 13.437692

▸ **Größe:** *15 Stellplätze, auch Zimmer im Gasthof*

ZUM DURCHATMEN

Die alte Landstadt Isny hat besonders gute Luft und eine lange Geschichte

Verträumte Landschaft voller historischer Highlights

Rundtour durchs schwäbische Allgäu

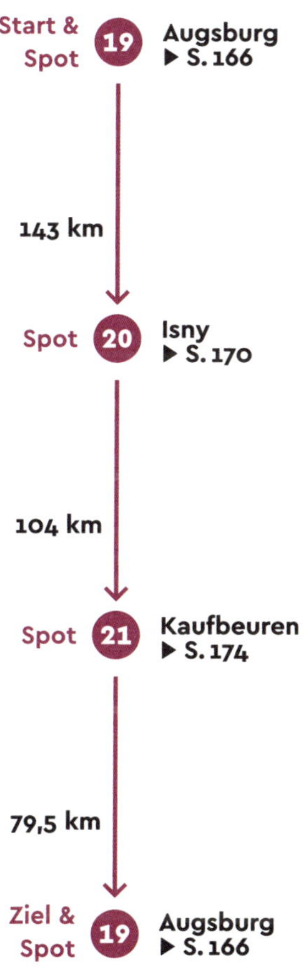

Auch wenn das Allgäu geografisch nicht ganz eindeutig gefasst werden kann, so wissen doch die meisten, was gemeint ist. Neben saftig grünen Wiesen, sanftem Kuhglockengeläut, schroffen Berggipfeln und glasklaren Seen gibt es im Allgäu auch allerlei interessante Geschichte und Geschichten zu entdecken. Römer, Patrizier und Fugger hinterließen hier ihre Spuren. Auch der kulinarische Genuss kommt nicht zu kurz. Die Freizeit- und Sportangebote sind nahezu unbegrenzt.

Tour F im Überblick

Tour-Highlights

Im *Schwäbischen Bauernhofmuseum Illerbeuren* ins bäuerliche Leben von damals reisen ▶ **S. 159**

Abtauchen im *Niedersonthofener See* ▶ **S. 161**

Das *Hexenviertel* in Landsberg am Lech erkunden ▶ **S. 165**

In Augsburg eine Stadt in der Stadt erleben ▶ **S. 167**

Perfekte Badestellen gibt's am *Campingplatz Elbsee* ▶ **S. 177**

F Tourenverlauf

Start & Spot 19

Augsburg
Hier tanzen nicht nur die Puppen ▶ **S. 166**

63 km Von Augsburg geht's in Richtung Westen über die B300. Die Route ist zwar etwas länger, dafür aber entspannter und ganz ohne Autobahn. In Ziemetshausen verlasst ihr die B300 und cruist die letzten 32 km nach Mindelheim über kleine Landstraßen durch ländliche Idylle.

Mindelheim

Das Örtchen am Flusslauf der Mindel mit Stadttoren, historischen Gebäuden und Museen lädt zum Bummeln ein. Vom Bergfried der frei zugänglichen **Mindelburg** ist der Blick über Stadt und Umland wunderschön. Sehenswert ist auch das **Schwäbische Krippenmuseum.** Mehr als 200 Ausstellungsstücke vom Mittelalter bis zur Gegenwart zeigen die Entwicklung dieser speziellen Kunst.

i *Krippenmuseum | Di–So 10–12, 14–17 Uhr | 5 € | Hermelestr. 4 | Mindelheim | mindelheim.de*

P *Nur zwei Minuten zu Fuß entfernt gibt es einen Parkplatz in der Georgenstraße/Frundsbergstraße.*

31 km Wer es ruhiger mag, schlängelt sich parallel zur B96 über Stetten, Sontheim und Hawangen weiter nach Memmingen. Der Weg ist zwar etwas länger, aber man sieht mehr von Mensch und Natur.

Memmingen – das Tor zum Allgäu

Die Geschichte der Kleinstadt reicht weit zurück, in römischer Zeit sollen bereits erste Bauten entstanden sein. Der schöne Ortskern besticht mit prächtigen historischen Bürgerhäusern und Palästen, Türmen und Toren aus dem Mittelalter. Am Marktplatz starten **zwei Stadtrundgänge** zu den Highlights der Stadt. Der **grüne Weg** führt über Parkanlagen der Stadtmauer und den Wehrgraben. Die **rote Runde** zeigt dir architektonische und geschichtliche Höhepunkte Memmingens. Je eine Stunde solltest du für die Spaziergänge einplanen.

P *Parkplatz und Wohnmobilstellplatz |ganzjährig geöffnet | 7 €/24 Std. | Colmarer Str. 84 | Memmingen | memmingen.de*

11 km Zum südlich gelegenen Schwäbischen Bauernhofmuseum ist es nur ein Katzensprung. Entlang weiter Felder und durch dichten Wald ist euer nächster Zwischenstopp schnell erreicht.

Schwäbisches Bauernhofmuseum Illerbeuren

Das **Freilichtmuseum** zeigt die Vielfalt der bäuerlichen Lebensweise vom 17. bis zum 20. Jahrhundert. Auf dem Gelände sind 32 Häuser der Region aus dieser Zeit ausgestellt. Viele davon sind zugänglich und liebevoll eingerichtet. Für den Besuch des Geländes kann man locker einen vollen Tag einplanen: Es gibt mehrere Spielplätze, Gastronomie und eine Schautöpferei.

i *Di–So 9–18 Uhr | 6 €, Kinder (6–18 J.) 1 €| Museumsstr. 8 | Kronburg, Ortsteil Illerbeuren | bauernhofmuseum.de*

14 km Bevor es weiter nach Isny geht, empfiehlt sich noch ein Stopp am Schloss Zeil, das über die gewundene Osterrieder Straße schnell erreicht ist. Hinter Lautrach verlasst ihr Bayern und befindet euch nun im baden-württembergischen Allgäu. Doch das macht nichts – denn schön ist es hier auch.

FARBENRAUSCH

Erkunde die schöne alte Stadt Memmingen auf zwei markierten Wegen

GRÜNES LAND

Weiden, Almwiesen und Wälder machen den besonderen Reiz des Allgäus aus

Schloss Zeil

Die gepflegte Schlossanlage, die zwar nur von außen besichtigt werden kann, eignet sich jedoch ganz gut, um sich zwischendurch die Beine zu vertreten. Gestutzte Wiesen, schattige Baumalleen und Parkwege sorgen für das richtige Schlossfeeling. Der Blick in die Berge macht den „Ach wie schön"-Seufzer perfekt.

i Leutkirch im Allgäu | schlosszeil.de | nur Außensichtigung möglich

Insider-Tipp

Zum Hängenbleiben

Gut möglich, dass ihr im Restaurant Grüner Baum vor dem Schloss mit gemütlichem Biergarten die Zeit vergesst (Di–Sa 11–21, So 10–21 Uhr | Schloss Zeil 30 | Tel. +49 7561 60 07 | gruener-baum-schloss-zeil-reas-gross.9gg.de

13,5 km Es geht weiter über die L309 und L260 gen Süden Richtung Isny, nach 7,5 km zunächst durch **Leutkirch** – hier bietet sich bei passendem Zeitbudget ein kurzer Bummel an–, dann habt ihr nach weiteren 6 km Gelegenheit, an der Allgäuer Genussmanufaktur den nächsten kulinarischen Stopp einzulegen.

Allgäuer Genussmanufaktur

Kreative und Befürworter regionaler Lebensmittel haben sich 2019 zum Konzept der Genussmanufaktur zusammengeschlossen und vermarkten hier gemeinsam ihre Produkte. Auf 1000 m² Fläche gehen hier Genuss und Kunst Hand in Hand: Von der Filzkünstlerin über die Ginbrennerei bis zur kreativen Nähstube, von der Brauerei über den Dorfladen Heimat & Genuss bis zum Käseveredler. Hier ist für jeden etwas dabei.

i *Mi–So 10–16.30 Uhr | Brauereiweg 3 | Leutkirch im Allgäu | allgaeuer-genussmanufaktur.de*

11 km Über die L318 (Leutkircher Straße) fährst du weiter Richtung Süden durch leicht hügelige Felderlandschaft und erreichst schließlich den nächsten Spot dieser Tour. Am nördlichen Stadtrand von Isny führt die Leutkircher Straße ins Zentrum, die L318 östlich um die Stadt herum.

Spot 20

Isny
Allgäuer Landstadt jenseits der Landesgrenze ▶ **S. 170**

33 km Vom Waldbad Camping Isny folgst du der B12 in Richtung Kempten durch das Argental, das die Grenze zwischen Bayern und Baden-Württemberg bildet. Nach 6 km biegst du an einer großen Kreuzung kurz vor **Nellenbruck** links von der Hauptstraße ab und folgst der Landstraße – einfach, weil's schöner ist. Links begleitet dich der **Wengener Argen** durch die Felder. Nach knapp 10 km biegst du bei einem Eckhof rechts ab Richtung Weitnau Ortsteil Hellengerst und folgst der Hochmoorstraße. Du unterfährst die B12 und wenn die Kirche im nächsten Dorf auftaucht, biegst du links ab und gleich wieder rechts auf den Ettensberger Weg. Nach einer Kurvenpartie erreichst du schließlich **Niedersonthofen** und seinen See.

Niedersonthofener See

Nicht riesig, dafür schön präsentiert sich der Niedersonthofener See am Stoffelberg. Mehrere Badestellen samt Liegewiese und Gastronomie warten auf sonnenhungrige Gäste, z. B. am **Westufer** (Seeparkplatz Zellen) oder am **Badebereich Oberinselsee** (großer Parkplatz). Wenn du deine Zeit aktiver gestalten möchtest, kannst du den See zu Fuß oder per Fahrrad umrunden (10 km). Wer gern über Nacht bleiben möchte, dem sei der **Campingplatz am See** mit allem Komfort am Westufer empfohlen *(Burgstraße 27 | Waltenhofen | camping-zeh-am-see.de | GPS 47.630050, 10.245190)*. Der **Gasthof Seehof** bietet gute bayrische Kost *(tgl. 11–14, 17–22 Uhr | Am See 1 | Waltenhofen | landgasthofseehof.de)*.

P *Es gibt mehrere Parkplätze rund um den See, etwa den Seeparkplatz Zellen (47.634386, 10.250961) oder den Badestrandparkplatz am Oberinselsee (Kurzberg 11 | Waltenhofen).*

15 km | Vom See aus Richtung Norden erreichst du schnell die B19, die dich nach Kempten führt.

Kempten

In einer der ältesten Städte Deutschlands könnt ihr auf den Spuren der Antike wandeln, denn Kemptens Geschichte reicht mindestens bis zur Eroberung durch die Römer zurück. Beim Besuch des **Archäologischen Parks Cambodunum** erwacht die römische Zeit zu neuem Leben. Hier erfahrt ihr, wie der Lebensalltag vor über 2000 Jahren aussah. Ein Rundweg führt zur Basilika und zu den Thermen. Im Gegensatz zu den alten Steinen steht die moderne Smartphone-App, die den Rundgang interaktiv begleitet. Ein Bummel durch das Zentrum von Kempten mit Prachtbauten wie der **St.-Lorenz- Basilika** und der **Residenz** samt Hofgarten zeugt von späteren Epochen. Im Sommer genießt du auf dem von Patrizierbauten gesäumten **Rathausplatz** das geschäftige Treiben und das mediterrane Flair bei einem Kaffee oder Glas Wein. Kein Wunder, dass der Platz von den Einheimischen auch Piazza genannt wird.

i *Archäologischer Park Cambodunum | März–Nov., Di–So 10–17 Uhr | 4 €, Kinder (ab 10 J.) 2 € | Merktstr. 1 | apc-kempten.de*

P *direkt vor dem Eingangsportal am Cambodunumweg 10*

43 km | Auf der direkten Route über die B12 sind es bis zum nächsten Zwischenstopp Marktoberdorf knapp 27 km. Wenn du einen Eindruck von den **Hochmooren** im Kemptener Wald erhaschen möchtest, nimm die Südroute über die B309 Richtung Durach. Bei schönem Wetter lohnen noch 5 km Umweg über Sulzberg zum **Rottachspeicher,** wo es bei **Moosbach** am Westufer eine schöne Liegewiese am See gibt (Parkplatz daneben). Ohne Badestopp geht es beim Abzweig Bodelsberg links von der B309 ab und durch waldreichere Landschaft durch den Südteil des **Kemptener Hochmoors.** Auf dieser schlängeligen Landstraße ist über die Orte Görisried und Wald schließlich der nächste Zwischenstopp erreicht.

Marktoberdorf

Ein Besuch der Kleinstadt darf nicht fehlen, denn hier gibt es verschiedene **Museen,** das kurfürstliche **Schloss** samt alter Lindenallee und einen historischen Stadtkern mit schnuckligen Plätzen. Danach oder zwischendrin kommt die koffeinhaltige Stärkung im **Café Muckefuck** (*Mo–Sa 9–19, So 9–17 Uhr | Jahnstr. 9 | muckefuck.info)* ganz gelegen: Aromatischer Kaffee, Snacks, Kuchen und Eis geben Kraft für weitere Erkundungen.

P *300 m vom Marktplatz entfernt in der Georg-Fischer-Str. 13; kostenfreier Womo-Stellplatz am Schloss in der Kurfürstenstr. 19.*

13 km Die Wege nach Kaufbeuren sind alle nicht spektakulär. Die kürzeste Route führt über die B16.

Spot 21 **Kaufbeuren**
Das Tor zum Allgäu ▶ **S. 174**

RÖMISCHE SPUREN

Kempten ist eine der ältesten Städte Deutschlands

17 km Du verlässt Kaufbeuren gen Norden über die B12 und hältst dich in Germaringen rechts Richtung Blonhofen und Kaltental. Rechts und links nur Felder. Knapp 4 km hinter Kaltental folgt der nächste tierische Spaß.

Weldener Hof: Mit Lamas wandern

Wer immer schon einmal mit Lamas auf Wanderschaft gehen wollte, sollte am Weldener Hof einen Stopp einlegen. Kuschelweiche Tiere warten darauf, mit dir spazierenzugehen. Besitzer Jürgen und Anja kommen natürlich mit und erzählen dir alles, was du schon immer über die Andenläufer wissen wolltest. Kinder ab 13 Jahren dürfen selbst ein Tier führen. Von zweistündigen Touren bis zu Mehrtagesausflügen steht alles auf dem Programm.

i Zweistunden-Wanderung pro Person 32 € | Welden 26 | Fuchstal | weldenerhof.de

20,5 km Nun Richtung Leeder weiterfahren, nach gut 6 km triffst du auf die B17 und nimmst die Auffahrt Richtung Landsberg. Bald siehst du auch schon den grautrüben Lech rechts von dir. Er weist, mal breit, mal schmaler, den Weg zum nächsten Zwischenstopp.

Landsberg am Lech

Die mittelalterliche Stadt am Ufer des Lech gehört – laut deutschem Wetterdienst – zu den sonnigsten Orten in Deutschland. Die **Altstadt** ist von einer gut erhaltenen Stadtmauer mit Toren und Türmen umgeben. Am schönsten ist das **Hexenviertel** rund um den Schlossberg. Hier haben sich aufgrund der besonderen Atmosphäre mit malerischen Häusern samt hölzernen Balkonen viele Künstler angesiedelt. W. Wenn du über den Hauptplatz mit dem Marienbrunnen gehst, bist du auch schon am Lech. Wunderschön sitzt du hier am **Aussichtspunkt am Lechwehr** *(GPS: 48.049288, 10.874973.*

P *15 Minuten zu Fuß benötigt man vom Parkplatz an der Waitzinger Wiese durch die Altstadt zum Hexenviertel.*

Wer in Landsberg am Lech etwas Besonderes erstehen will, sollte beim Kunstautomat am Spitalplatz 393 vorbeischauen. Ähnlich wie bei einem Zigarettenautomat kann man hier für 5 € pro Stück kleine Kunstwerke verschiedener Künstler kaufen (kunstautomat.net).

42 km Immer parallel zum Lech bringt dich die B17 zurück nach Augsburg.

Augsburg
Hier tanzen nicht nur die Puppen ▶ **S. 166**

Augsburg
Hier tanzen nicht nur die Puppen

Wer hier gleich an die Puppenkiste denkt, liegt zwar richtig, aber Augsburg ist mehr. Augsburg ist lässig mit Charme, romantisch und doch modern, studentisch, aber nicht so groß wie München, doch immerhin die drittgrößte Stadt Bayerns. Augsburg ist kontrovers, auch in Sachen Street Art. Wer gern ins Museum geht, findet hier eine Menge davon: von der Automobilindustrie bis hin zu den Fuggern, die ihr Geld auch in Sozialprojekte vor Ort investierten. Und Augsburg liegt am schönen Fluss Lech – für Outdooraktivitäten ist also auch gesorgt.

P *Viel Platz zum Parken bietet der Plärrer, Augsburgs Festplatz (Schwimmschulstr. 9), nur 15 Gehminuten vom Zentrum entfernt, außer bei Veranstaltungen ist er kostenlos. Wohnmobil-Stellplätze gibt es außerdem im Norden der Stadt auf dem Sportgelände des TSG 1885 Augsburg-Lechhausen (Schillstr. 105–109), mit guter Busanbindung in die Innenstadt.*

IM LECHVIERTEL

Wieso Lech? Weil Augsburg am schönen Fluss Lech liegt

AKTIVITÄTEN & SIGHTSEEING

1 Abstecher zur Fuggerei

Die reiche Kaufmannsfamilie der Fugger wohnte ab dem 14. Jh. in Augsburg. Jakob Fugger rief die Sozialsiedlung Fuggerei ins Leben. Nur arme katholische Augsburger, aber keine Bettler, durften hier einziehen. Das ist bis heute so. Die acht Gassen mit ihren drei Toren bilden praktisch eine Stadt in der Stadt, mit Kirche und Stadtmauer. Seit 2006 dürfen Touristen durch das **Ochsentor** eintreten, das von 22 Uhr bis 5 Uhr vom Nachtwächter geschlossen wird. Das **Fuggereimuseum** zeigt, wie die Bewohner hier im 18. Jh. und wie sie heute leben. Im **Luftschutzbunker** aus dem Zweiten Weltkrieg läuft einem ein Schauer über den Rücken, denn die Augsburger Bombennacht vom 25./26. Februar 1944 ist eindrucksvoll dokumentiert. ***Infos:*** *tgl. April–Sept. 9–20, Okt.–März 9–18 Uhr | 6,50 €, Kinder (8–17 J.) 3 €, Familien 12 €Eingang am Ochsentor | Besuchsdauer ca. 2 Std. | fugger.de/fuggerei |*

2 Per Segway das Lechviertel erkunden

Augsburg hat mehr Brücken als Venedig. Nee, echt jetzt? Ja, 530, die italienische Konkurrenz nur etwas über 400. Im Lechviertel mit seinem verzweigten Kanalsystem kannst du mit dem Zählen beginnen. Während der **Segway-Wassertour** erzählt dein Guide bei den Stopps Storys aus den Augsburger Wasserwelten. Unterwegs bezaubern Häuserfassaden, nette Kneipen und kleine Läden – ein guter Grund, zu Fuß zurückzukommen. ***Infos:*** *Segway Tour Augsburg | tgl. 9–20 Uhr | 3 Std. p. Pers. 85 € | Dominikanergasse 18 | seg-tour-augsburg.de*

3 Industrieanlage mit Charme bestaunen

Riesige Pumpen, Generatoren und Druckbehälter. Es ist schon verrückt, wie früher die Wasserversorgung der Stadt ohne Strom geklappt hat. Das **historische Wasserwerk am Stauwehr** Hochablass ist eine imposante Industrieanlage und man erfährt, wie die Trinkwasserversorgung der 320 000 Menschen im Einzugsgebiet heute funktioniert. Vom Werk führt ein kurzer Spaziergang zum wilden **Eiskanal,** einer Trainingsstrecke für Kanuten. Am unteren Teil des Kanals kann

REGENTAG – UND NUN?

4 Die Reichen und Schönen besuchen

Wie lebten die Reichsten im ausgehenden Mittelalter? Womit machten sie ihr Geld, mit wem trieben sie Handel? Im **Fugger und Welser Erlebnismuseum** nahe dem Dom ist ihr Erfolgskurs nachvollziehbar. Hörstationen und Touchscreens machen den Rundgang spannend – man ist praktisch unter Fuggern. Und lernt sie fast persönlich kennen ... ***Infos:*** *Do–So 10–17 Uhr | 6 €, erm. 5 €, Kinder bis 6 J. frei | Äußeres Pfaffengäßchen 23 | fugger-und-welser-museum.de*

man im Sommer sogar baden. ***Infos:*** *Führung nur nach Anmeldung | Am Eiskanal 49 | Tel. +49 172 8 26 22 07*

5 Bier verkosten mit Tavern Tours

Ein Kneipentrip mit neuen Leuten? Die Jungs von Tavern Tours verbinden eine kleine **Altstadtführung** mit einem köstlichen Biertasting. Gute Stimmung ist garantiert. Probiert wird in verschiedenen Bars der Stadt. Dabei erzählen die Stadtkenner Spannendes aus der Augsburger Geschichte und so manche kuriose Anekdote. ***Infos:*** *Fr/Sa 17–20 Uhr | p. Pers. 39 € | Treffpunkt vor der Stadtmetzg (Metzgplatz/Barfüßerstr.) | taverntours.de*

Insider-Tipp

5 Vol. gute Laune

Süffig und auch etwas für Mädels ist das Bayerisch Ale 2, das im Brauhaus Riegele serviert wird.

ESSEN & TRINKEN

6 Alles vegan

Fleischliebhaber kommen hier zwar nicht auf ihre Kosten, werden aber auch nicht enttäuscht. Das **Bodhi** hat sich vollkommen der veganen Küche verschrieben und überrascht mit Pulled Jackfruit Burger und Lupinenwaldpilz-Ragout. Der schwungvolle Service sucht seinesgleichen. ***Infos:*** *Di–Do, So 17–23, Fr/Sa 17–24 Uhr | Pfärrle 2 | Tel. +49 821 24 41 78 37 | bodhivegan.de | €€*

7 Café mit Herzblut

Im **Café Dreizehn** wird alles mit Liebe zum Detail gemacht. Das Ambiente, die Speisekarte, das Essen. Reichhaltiges Frühstück, guter Kaffee und köstliche Kuchen im Wohlfühlambiente. ***Infos:*** *Mo–Fr 11–22, Sa/So 9–22 Uhr | Barfüßerstr. 4 | Tel. +49 821 99 95 00 11 | muehle-dreizehn.de | €€*

BADESEE UMS ECK

Auf dem Campingplatz Lech Camping fehlt es an nichts. Auch dein Hund ist willkommen

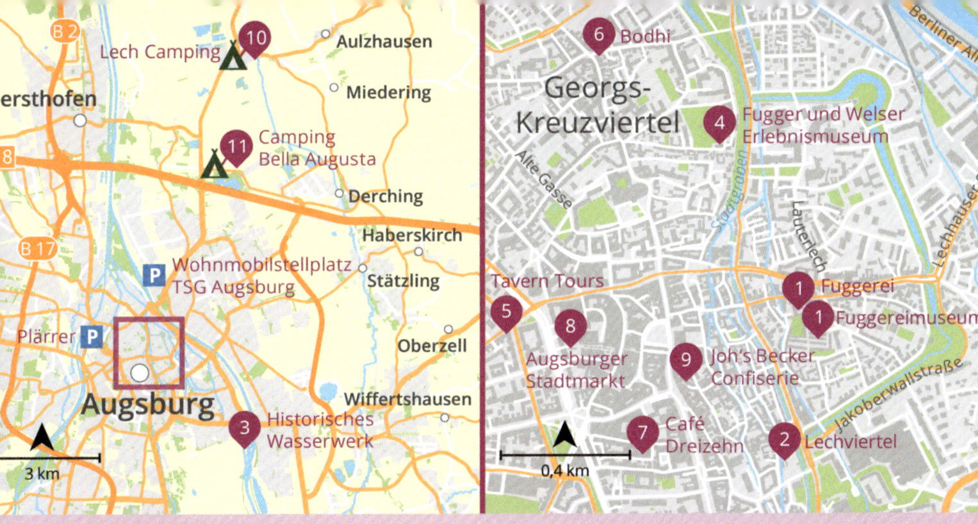

EINKAUFEN

8 Im Lebensmitteleldorado

Seit 1930 bieten Händler auf dem **Augsburger Stadtmarkt** frische Lebensmittel aus der Region, internationale Feinkost und leckere Speisen zum sofortigen Verzehr an. Samstags ist der Markt sehr gut besucht. ***Infos:*** *Mo–Fr 7–18, Sa 7–14 Uhr | Fuggerstr. 12 a | augsburg.de*

9 Paradies für Naschkatzen

Dieser kleine Süßwarenladen zieht bereits seit dem Jahr 1900 Süßmäuler an. Die Inhaberin findet aus dem breiten Sortiment genau das richtige für dich. Wie wäre es z. B. mit Veilchenbonbons aus Frankreich oder Schokolade mit getrockneten Tomaten? ***Infos:*** *Mo–Fr 10–18, Sa 10–16 Uhr | Judenberg 7*

STELL- & CAMPINGPLÄTZE

10 Einfach scheee!

Tadellos geführte Anlage mit kleinem Badesee und freundlichen Besitzern. Große Parzellen teils mit Sichtschutzhecke, sechs Komfortplätze direkt am See. Mit Spielplatz, gutem Restaurant am See und Supermarkt samt Bäckerei. Das WLAN ist kostenlos, Hunde an der Leine sind willkommen. Die Busse ins Zentrum halten vor dem Platz.

Lech Camping

€€ | Seeweg 6 | 86444 Affing-Mühlhausen
Tel. +49 8207 22 00 | lech-camping.de
GPS: 48.437654, 10.929525

▶ **Größe:** *50 Stellplätze, Vermietung von Schlaffässern, Apartments und Gästezimmern*

11 Sommer wie Winter

Grüne Idylle vor den Toren der Stadt an der Autobahn. Sonnige und schattige Stellplätze, SAT-Empfang und freies WLAN. Großer Kinderspielplatz, naher Badesee (2 Min.), gutes italienisches Restaurant. Alles sauber und ordentlich. Anreise bis 22 Uhr möglich, ganzjährig.

Camping Bella Augusta

€€ | Mühlhauser Str. 54b | 86169 Augsburg
Tel. +49 821 70 75 75 | caravaningpark.de
GPS: 48.412097, 10.923156

▶ **Größe:** *160 Stellplätze, auch Ferienzimmer*

Isny

Allgäuer Landstadt jenseits der Landesgrenze

Beschaulich ist das richtige Wort für die kleine Landstadt, die nicht zu Bayern, sondern zu Baden-Württemberg gehört. Ein Gang über die Alte Stadtmauer gehört bei einem Besuch ebenso dazu wie die Einkehr im Pub am Steuerzahlerbrunnen. Die Idee des Brunnens mit der naturgetreuen Nachbildung der Bürgerkuh und des melkenden Beamten auf dem Bürostuhl, der löchrigen Milchkanne und der „alles für die Katz"-Mieze sind genial. An dem Wasserlauf spielen die Kids, während die Erwachsenen eine ruhige Pubpause genießen.

P *Parkplätze gibt es genug, z. B. entlang der Unteren Stadtmauer (47.694615, 10.041224) oder am Schlossgraben, Schultesberg 4 (47.693859, 10.043967).*

ANSCHAULICH

Ein Beamter melkt die arme Bürgerkuh. Kids ist die Botschaft am Steuerzahlerbrunnen noch egal

AKTIVITÄTEN & SIGHTSEEING

1 Womo besucht Womos

Das erste Wohnauto wurde 1931 in Isny gebaut. Und dies auf Wunsch der Ehefrau von Arist Dethleffs. Sie wollte ihren Mann auf langen Geschäftsreisen für die väterliche Peitschenfabrik begleiten. Heute gehört **Dethleffs Caravaning** zu den führenden Herstellern von Wohnmobilen und Wohnwagen. Bei einer Werksführung erhältst du Einblick in die moderne Produktionsanlage. Es gibt sogar acht **Stellplätze** auf dem Werksgelände. ***Infos:*** *Do 9 Uhr, Anmeldung erforderlich | Arist-Dethleffs-Str. 12 | Isny | Tel. +49 7562 98 70 | dethleffs.de*

2 Viel Gemecker beim Spaziergang mit Ziegeningo

Heilpraktiker und Tierfreund Ingo hat sich einen besonderen Spaziergang ausgedacht. Von dem auch seine Ziegen etwas haben, die er liebevoll die „Clowns unter den Wiederkäuern" nennt. Sie sind die Hauptakteure der **Wanderung.** Durch Wald und Wiesen geht es mit etwa zehn Ziegen, großen und kleinen, etwa zwei Stunden über Stock und Stein – vor allem für Stadtkinder ein Highlight. Das Tempo? Geben die Ziegen je nach Futterpausen vor. ***Anfahrt:*** *über die L318 14 km nordöstl. von Isny* ***Infos:*** *p. Pers. 15 € | Halder 3 | Isny | Tel. +49 152 53 54 72 47 | mit-ziegen-spazieren.de*

Ziegenkuss – wenn du dich traust, einen Grashalm zwischen die Lippen zu nehmen und ihn einer Ziege anzubieten, kann es sehr romantisch werden ...

3 Mir machet unsren Käs Zelbscht

Wetten dass du hinterher sagst: „Ist das aufwändig, Käse zu machen". Dann hereinspaziert in die **Bio-Schaukäserei Käsküche.** Durch ein großes Schaufenster kann man hier die Käseherstellung beobachten, einmal pro Woche wird eine Führung angeboten. Einlaben, vorkäsen, abfüllen, salzen – bis der Käse genussreif in der Vitrine liegt, dauert es. Das Extra hier: Es wird nur Bioheumilch verwendet – Silofutter kommt nicht in die Raufe. Die Sennerei, erst 1998 durch Förderer und eine Portion Glück ins Leben gerufen, rettete mehreren Biomilchbauern den Betrieb, die von einer Großmolkerei abgelehnt wurden. Also: unbedingt hier kaufen! ***Infos:*** *Führung Fr 10.30 Uhr | Maierhofener Str. 78 | Isny | kaeskueche-isny.de | keine Anmeldung erforderlich*

REGENTAG – UND NUN?

4 Einem Maler auf der Spur

Friedrich Hechelmann, 1948 in Isny geboren, liebt die fantastische Malerei. Ob Märchenfiguren oder Traumlandschaften – seine Gemälde in der **Kunsthalle im Schloss Isny** sind möglichst fern der Wirklichkeit. Genial ist seine Bilderreihe zum Michael-Ende-Roman „Momo". Hechelmann illustriert neben Büchern auch Kalender. ***Infos:*** *Mi–Fr 14–18, Sa/So 11–18 Uhr | 5 €, erm. 3,50 | Schloss 1 | Isny |kunsthalle-schloss-isny.de*

5 Im Waldbad relaxen

Wenn du nicht bereits am Campingplatz Waldbad Isny übernachtest, solltest du unbedingt einen Nachmittag am Badesee **Felderholzweiher** verbringen. Mit seinen Holzumkleiden, Liegewiesen und dem Badesteg hat er einen umwerfenden Charme. ***Infos:*** *jederzeit zugänglich | Lohbauerstr. 59–69 | Isny*

ESSEN & TRINKEN

6 Es darf auch mal exotisch sein

Die Küche des Restaurants **Sonne Neutrauchburg** bietet bodenständige und hausgemachte Kost nicht nur aus der Region. Die Kokos-Curry-Suppe und der Burger mit Angusrind sind eine gelungene Abwechslung. Ambiente, Service und die Preise stimmen. ***Infos:*** *So–Fr 11–14, 18–22, Sa 11–22 Uhr | Schlossstr. 7 | Neutrauchburg | Tel. +49 7562 9 75 64 58 | sonne-neutrauchburg.de | €€*

7 Urgemütliches Ambiente

In dem historischen Gebäude des **Brauereigasthofs Engel** werden zum Bier aus der heimischen Brauerei Stolz Schmankerl serviert. Der Tafelspitz vom Allgäuer Weiderind ist ein Hochgenuss. Montags gibt es immer knusprige Schweinshaxn mit Biersoße und Breznknödeln. ***Infos:*** *Fr–Di 17.30–22, Sa/So zusätzlich 11–14 Uhr | Bahnhofstr. 36 | Isny | Tel. +49 7562 97 11 30 | engel-isny.de | €€*

8 Irisch-schwäbische Location

In **Pat Murphy's Irish Pub** kannst du den Tag entspannt ausklingen lassen: mit Bier vom Fass, natürlich auch aus Irland, guter Mukke, netten Leuten. Im Sommer sitzt man vor dem Pub mit Blick auf den witzigen Steuerbrunnen. ***Infos:*** *Mo–Do 16–24, Fr/Sa auch länger, So 16–22 Uhr | Wassertorstr. 37 | Isny | patmurphys.de | €€*

KOMMUNIKATIV

Camper haben immer Gesprächsstoff

EINKAUFEN

9 Werkstatt für Schmuck

Goldschmiedemeister **Elmar Hermanutz** kreiert reizvollen Schmuck, egal ob für den Alltag oder besondere Anlässe, wie die eigene Hochzeit. Auch wer seinem abgelegten Schmuck neues Leben einhauchen lassen will, ist hier richtig. Originell und kreativ werden die guten Stücke aufpoliert. Angehende Brautleute können hier in Workshops ihre eigene Idee vom Trauring umsetzen. ***Infos:*** *Di–Fr 9.30–12.30, 14–18, Sa 9.30–12.30 Uhr | Espantorstr. 8 | Isny | elmar-hermanutz.de*

STELL- & CAMPINGPLÄTZE

10 Grün, ja grün …

Der kleine Campingplatz liegt etwas außerhalb von Isny ruhig im Grünen an einem putzigen Badesee. Die Stellplätze sind von Büschen umgeben und hohe Bäume beschatten den Platz. Alles ist schön naturbelassen. Kaffee, Kuchen und gutbürgerliche Küche gibt es im gemütlichen Bistrot am See. Ein Kiosk bietet die notwendigsten Kleinigkeiten sowie einen Brötchenservice an. Geöffnet vom 15. März.–15. Okt.

Waldbadcamping Isny

Lohbauerstr. 59 | 88316 Isny
Tel. +49 7562 23 89 | camping-isny.de
GPS: 47.67857, 10.031

▶ **Größe:** *50 Stellplätze, auch Schlaffässer und Ferienwohnungen werden vermietet*

11 Mittendrin und günstig

Für Kurzaufenthalte bietet Isny eine tolle Option: Für max. zwei Nächte können Campingurlauber den günstigen Stellplatz beim Kurpark nutzen. Von hier ist alles Wichtige schnell erreicht. Die freundliche Platzbetreuerin steht mit Rat und Tat zur Seite. Auf Holzbänken am Flüsschen Ach könnt ihr wunderbar picknicken oder den Abend genießen. Keine Reservierung möglich.

Wohnmobilstellplatz untere Mühle

€ | Seidenstr. 41 | 88316 Isny
Tel. +49 7562 97 56 30 | isny.de
GPS: 47.694545, 10.037211

▶ **Größe:** *14 Stellplätze*

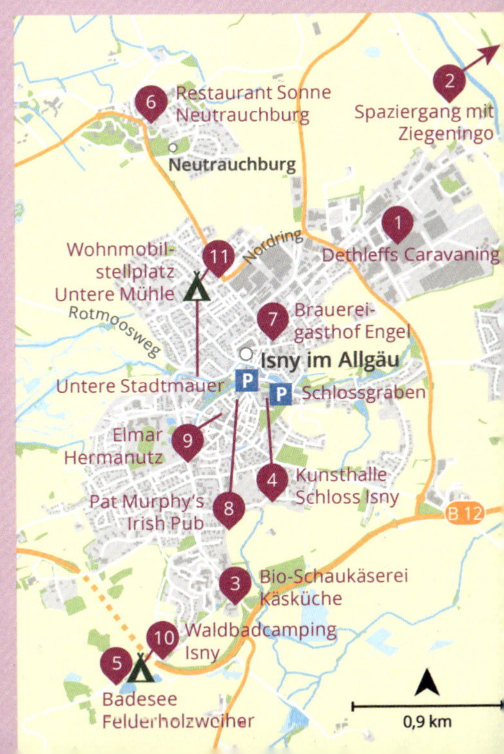

Kaufbeuren
Das Tor zum Allgäu

In der romantischen Handelsstadt (knapp 45 000 Ew.), die durch ihre Lage am Rand des Allgäus auch gern als das „Tor zum Allgäu“ bezeichnet wird, kann man es gut und gerne zwei Nächte aushalten. Erst recht, wenn man ein Faible für historische Gebäude, Klöster und alte Steine hat – der Besuch des Klostergartens ist ein Muss. Wer das Tänzlefest im Juli abpasst, sieht um die 1800 Kinder in historischen Gewändern: Sie stellen die Stadtgeschichte in einem bunten Umzug dar.

P *Mühlenparkplatz am Buron-Center (Espachstraße 15)*

MÄRCHENHAFT

Im Fünfknopfturm könnte jeden Moment Rapunzel ihr Haar herunterlassen

AKTIVITÄTEN & SIGHTSEEING

1 Entlang der Stadtmauer zum Fünfknopfturm schlendern

Rapunzel ...und so weiter – der Fünfknopfturm, das **Wahrzeichen** Kaufbeurens, scheint einem Märchenbuch entschlüpft zu sein. Bis 2014 hätte man noch nach oben rufen können „lass dein Haar herab", denn bis dahin war die Türmerwohnung noch bewohnt. Wie die vielen anderen Türme Kaufbeurens ist auch der Fünfknopfturm Teil der mittelalterlichen Stadtmauer. ***Infos:*** *Mo–Fr 9.30–17, Sa bis 12 Uhr, Führungen Sa und Mi 11 Uhr | 4 €, Kinder 1 € | kaufbeuren-tourismus.de*

Insider-Tipp
Mauer privat

Ein Stück der Stadtmauer ist begehbar. Den Schlüssel bekommst du in der Touristinfo. Nur du und die Mauer. Oder du nimmst an der öffentlichen Stadtführung (2 Std.) teil.

2 Muße und Inspiration erleben im Klosterberggarten

Ein Blütenmeer über der Stadt – der Klosterberggarten ist ein wunderbarer Ort zum Spazierengehen, um sich von den vielen blühenden Stauden für den eigenen Garten inspirieren zu lassen. Von Mai bis September bietet das **Crescentiakloster** jeden ersten und dritten Montag im Monat kostenlose Führungen durch den Garten an. ***Infos:*** *im Sommer 9–19, im Winter 9–17 Uhr | Crescentiaplatz 13 | Kaufbeuren | crescentia kloster.de*

3 Augen zum Glänzen bringen

Die Vielfalt des Modeschmucks aus Glas und Kunststoff in der Erlebnisausstellung der **Gablonzer Industrie** ist überwältigend. Verschiedene Unternehmen dieser Branche haben sich hier zusammengefunden und präsentieren in der kostenfreien Ausstellung die Geschichte des Modeschmucks, aber auch ihr Wissen und Können. Alles begann einst im böhmischen Gablonz und wird bis heute im Stadtteil Neugablonz fortgesetzt. ***Infos:*** *Mo–Fr 9.30–12, Mo–Do 14–17 Uhr | Neue Zeile 11 | Kaufbeuren-Neugablonz | gablonzer-industrie.de*

4 Kaffee trinken auf Burg Kemnat

Von der einst bedeutsamen Höhenburg steht heute nur noch der 23 m hohe

REGENTAG – UND NUN?

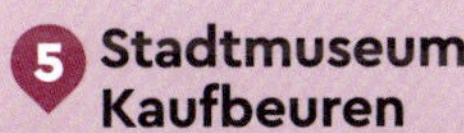

5 Stadtmuseum Kaufbeuren

Miniaturküchen und Szenische Inszenierungen – mit solch ungewohnten Ausstellungsstücken wird hier die Stadtgeschichte von Kaufbeuren präsentiert. Das hübsche Stadtmodell gibt einen guten Überblick und auch die Hörstationen, Audioguides und interaktive Medien machen den Museumsbesuch abwechslungsreich. ***Infos:*** *Di–So 10–17 Uhr | 5 €, Sa Eintritt frei | Kaisergässchen 12–14 | Kaufbeuren | Tel. +49 8341 0 66 83 90 | stadtmuseum-kaufbeuren.de*

Bergfried. Rund 100 Stufen führen hinauf. Von hier hast du bei guter Wetterlage einen herrlichen Blick bis zu den Alpen. Im **Burghof** gibt es noch ein 26 m tiefes Brunnenloch und einen Spielplatz. An Wochenenden ist das **Café Burgstüble** geöffnet. ***Infos:*** *Frei zugänglich | Beim Römerturm 15 | Kaufbeuren*

ESSEN & TRINKEN

6 Sundowner mit Altstadtblick

Die ideale Einkehr nach einem Stadtmauerspaziergang. Das **Café am Fünfknopfturm** in historischem Gemäuer hat gemütliche Gaststuben und ist für seinen guten Kuchen bekannt. Im schönen Biergarten nippst du den Sundowner mit Blick über die Altstadt. Die knusprige Pizza passt exakt zum frisch Gezapften aus Pfronten. ***Infos:*** *Di–Fr 16–1, Sa 12–1, So 13–23 Uhr | Afraberg 7 | Kaufbeuren | Tel. +49 8341 9 66 56 42 | cafe5.de | €*

7 Viel bio ganz ohne Gift gemixt

Der provokative Name der **Gifthütte** ist Teil des frischen, pfiffigen Konzepts. Denn hier kommen nur saisonale und regionale Bioprodukte in den Topf. Das Fleisch der Steaks z. B. stammt vom Allgäuer Weiderind. Auch Vegetarier und Veganer kommen zum Zug. Die gebratenen Spinatknödel sind ein Gedicht. I-Tüpfelchen des Ganzen ist der schöne Biergarten. ***Infos:*** *Di–Sa 17–23 Uhr | Schelmenhofstr. 1 | Kaufbeuren | Tel. +49 8341 7 15 35 37 | gifthuette.de | €€*

EINKAUFEN

8 Global shoppen gehen

Im **Weltladen Kaufbeuren** begibt man sich auf Entdeckungsreise rund um den Globus. Kulinarisches wie Kaffees, Tees, Schokoladen und Gewürze sowie handgefertigte Kleidung, Handtaschen, Schmuck und Accessoires erwarten den

SONNENECK

In Kaufbeuren schien 2020 von allen deutschen Orten die Sonne am längsten

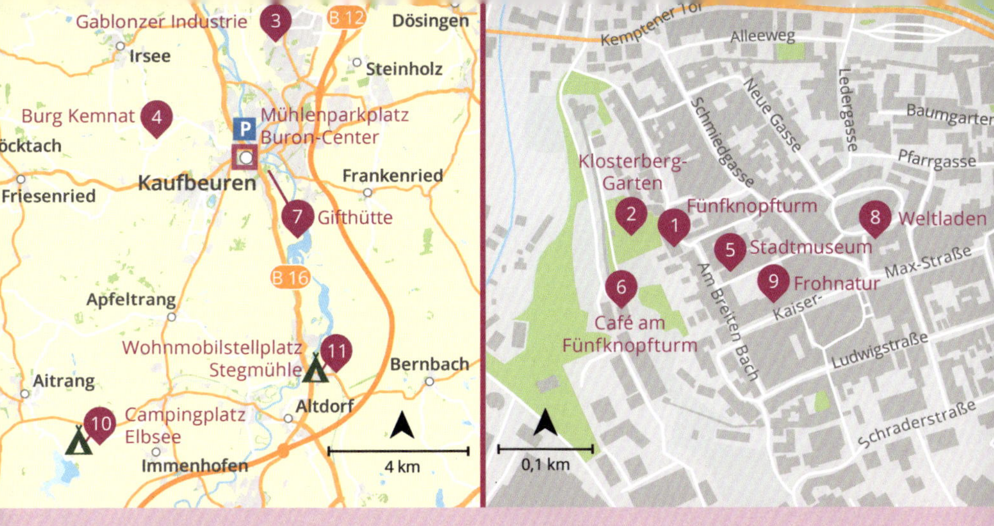

Besucher. ***Infos:*** *Mo–Fr 9.30–18, Sa 9.30–13 Uhr | Kaiser-Max-Str. 20 | Kaufbeuren | weltladen-kaufbeuren.de*

9 Auf Verpackung pfeifen

In entspannter Atmosphäre kauft man im Laden **Frohnatur** die Dinge des täglichen Bedarfs in der gewünschten Menge und unverpackt. Butter, Oliven, Nudeln, Müsli werden in mitgebrachte Behältnisse gepackt. Ein tolles Konzept auf der Höhe der Zeit. ***Infos:*** *Mo–Fr 9.30–18, Sa 9.30–14 Uhr | Kaiser-Max-Str. 38 | Kaufbeuren | frohnatur-kaufbeuren.de*

STELL- & CAMPINGPLÄTZE

10 5 Sterne am Elbsee

Nur 15 km von Kaufbeuren entfernt liegt dieser Platz inmitten üppiger Natur. Bäume und Hecken grenzen die geräumigen Stellflächen ab. Bis zum **Seebad,** einer wunderschönen Badestelle, sind es nur drei Minuten zu Fuß. Verleih von Booten und Rädern. Barfußpfad und Spielplatz machen den Kleinen Spaß, die **Wellnessoase** mit allem Drum und Dran den Großen. Wer sich nicht ums Frühstück kümmern will, kann es vor Ort dazubuchen. Im nahen Restaurant Elbsee mit Terrasse am See gibt es tolle Fisch- und Wildgerichte. Ideal, um den Alltag draußen und den Urlaub rein zu lassen.

Campingplatz Elbsee 

€€ | Am Elbsee 3 | 87648 Aitrang
Tel. +49 8343 2 48 | elbsee.eu
GPS: 47.801819, 10.554358

▶ **Größe:** *120 Stellplätze, 10 Hotelzimmer und zwei Ferienwohnungen*

11 Mit Familienanschluss

Der gemütliche **Gasthof Stegmühle,** 7 km südl. von Kaufbeuren, bietet vier gute Stellplätze an. Der freundliche Wirt kümmert sich bestens um das Wohl der Campinggäste. Mit Brötchenservice und sehr guter Küche im Gasthof.

Wohnmobilstellplatz Stegmühle

€ | An der Stegmühle 2 | 87640 Biessenhofen
Tel. +49 8341 9 02 00 | gasthof-stegmühle.de
GPS: 47.824508, 10.644314

▶ **Größe:** *4 Stellplätze*

Planen – Packen – Losfahren

Gut zu wissen

Auskunft

Deutscher Alpenverein: Servicepoint im Globetrotter | Isartorplatz 8–10 | 80331 München | Tel. +49 89 2 90 70 90 | *dav plus.de*. Ein Tourenportal mit Angaben zu Hütten, Wetter und Lawinengefahr findest du unter *alpenvereinaktiv.com*.

Berghütten

Auf vielen Bergen und Routen gibt es Hütten, die Wanderern ein Dach über dem Kopf und ein Matratzenlager bieten. Manche Hütte ist inzwischen auch luxuriöser ausgestattet, mit Doppelzimmer und kalter Dusche. Die Hütten öffnen gewöhnlich gegen Mai und schließen im Oktober. Wer hier übernachten will, sollte unbedingt rechtzeitig reservieren! Die Webseite des Deutschen Alpenvereins bietet auch eine Hüttensuchfunktion *(alpenverein.de/huettensuche)*.

Fahrradmitnahme und -verleihl

Auf der Webseite *bayern-fahrplan.de* erfährst du, auf welchen ÖPNV-Strecken du das Fahrrad mitnehmen kannst und was das kostet. In typischen Fahrradregionen gibt es meist Busse, die beliebte Radelstrecken abkürzen und speziell für den Fahrradtourismus eingesetzt werden, wie z. B. am Chiemsee. In vielen Orten kannst du in der Touristeninformation oder in Fahrradläden Drahtesel aller Art ausleihen. Die Webseite *movelo.com* listet Verleihstationen für E-Bikes auf.

Grenzübertritt

Nicht selten führen Wanderungen in den Alpen oder Straßen nach bzw. durch Österreich. Also den Personalausweis besser dabeihaben.

Hunde

Auf manchen Campingplätzen sind Hunde an der Leine erlaubt, auf anderen nicht. Die Icons in diesem Buch zeigen dir an, auf welchen Platz du deinen Vierbeiner mitnehmen kannst und wo er es besonders gut hat.

Internet und WLAN

Nur in einem gar zu abgelegenen Tal kann es passieren, dass der Netzempfang schlecht ist oder gar nicht funktioniert. Meistens klappt alles gut, viele Campingplätze bieten inzwischen WLAN.

Maut & Vignetten

Allgemeine Vignetten gibt es in Bayern und Deutschland (noch) nicht und nur auf wenigen Straßen wird eine Maut fällig. Bei den Touren in diesem Buch betrifft das die 13 km lange Strecke von Vorderriss nach Wallgau Richtung Sylvensteinstausee (s. S. 53), die 7 km lange Tatzelwurmstraße und die 4,2 km lange

Winklmoosalmstraße zwischen Reit im Winkl und der Winklmoosalm (s. S. 57).

Motorrad

Mancher Womofahrer packt gern sein Motorrad mit ein, denn viele Routen in Bayern sind ein Paradies für Biker. Doch Vorsicht, vor allem an den Wochenenden wird es auf den Straßen voll und in mancher engen Kurve kam es schon zu Unfällen. Innerhalb der Orte ist Rücksicht nehmen die erste Pflicht – schon wegen der Lautstärke.

Parken

Auch mit dem Womo ist das Parken selbst in den Städten in der Regel kein Problem. In diesem Buch sind in jedem Kapitel und zu jedem Spot Parkplatztipps angegeben. Bei Sehenswürdigkeiten finden sich mitunter extra für Wohnmobile ausgeschilderte Parklücken auf den Parkplätzen. Sollte es wirklich einmal keinen passenden Park-

REISEZEIT

Natürlich kannst du das ganze Jahr über mit dem Wohnmobil nach Bayern fahren, da es auch Campingplätze gibt, die ganzjährig geöffnet sind. Willst du Ski fahren, ist naturgemäß der Winter deine Jahreszeit, möchtest du in einem der vielen Seen baden oder Wassersport treiben, komm lieber im Sommer. Zum Wandern und Radfahren sind Frühling und Herbst perfekt. Dann ist zudem nicht soviel los wie im Sommer und Winter.

Selbstbestimmt und abgesichert Freiheit und Unabhängigkeit erleben

Mit PaulCamper wird dein Roadtrip etwas Besonderes!

Ob Jahresurlaub oder kleine Auszeit, ein Roadtrip im Camper oder Wohnmobil ermöglicht dir, flexibel und selbstbestimmt zu reisen. Mit Europas größter Vermittlungs-Plattform für Campingbusse, Wohnmobile und Wohnwagen kann der Traum von Abenteuer, Freiheit und Unabhängigkeit ganz schnell wahr werden. Bei PaulCamper findest du individuelle Camper von erfahrenen Vermietern. Die Campingausstattung ist bei allen Fahrzeugen schon enthalten. Und natürlich fährst du komplett versichert und ohne Zusatzkosten in den Urlaub. Na dann:

Camper aussuchen, buchen und losfahren:
www.paulcamper.de

ANZEIGE

WAS KOSTET WIE VIEL?

1 Tasse Kaffee 3–3,50 €

Brotzeit 8–12 €

Seilbahn (einfach) ab 10 €

E-Bike 15–20 €/Tag

Parken 1–2,50 €/Stunde

Kochergas (2 l) ca. 5 €

Holzwanderstock als typisches Souvenir: 10 € (einfach), 60 € (mit besonderem Knauf)

platz innerhalb einer Stadt geben, muss man auf einen Stellplatz in der Nähe ausweichen. Meist ist man per Fahrrad oder ÖPNV schnell in der Stadt.

Rabattkarten

Viele touristische Regionen bieten ihren Gästen sogenannte Rabattkarten, mit denen der Eintritt in Sehenswürdigkeiten, Museen, Schwimmbäder, Veranstaltungen oder die Fahrt mit der Seilbahn günstiger oder sogar kostenlos sind. Beispiele sind die Bayerncard oder die Allgäu-Walser-Card in der Gegend um Bad Hindelang. Auskunft erhältst du an der Rezeption deines Campingplatzes.

Stellplatz versus Campingplatz

Von beiden gibt es genügend. Doch während du auf Stellplätzen ganzjährig die Nacht im Womo verbringen kannst, schließen manche Campingplätze über den Winter. Jene, die in den Bergen und damit an den Skigebieten liegen, haben meist ganzjährig geöffnet. Auch wenn viele Stellplätze Toiletten und manche sogar Entsorgungsstellen bieten, sind Campingplätze mit ihren gepflegten Sanitäranlagen hier klar im Vorteil. Dafür kosten sie mehr und man sollte unbedingt reservieren. Es gibt sie von hübsch und zweckmäßig über luxuriös bis hin zu regelrechten Wellnessanlagen mit Berg- oder Seeblick. Stellplätze kann man nicht reservieren, doch meist findet man einen Platz. Dieses Buch empfiehlt die (subjektiv) schönsten Camping- und besten Stellplätze. Meist lässt sich die Umgebung zu Fuß oder per Fahrrad direkt vom Platz aus erkunden.

Wandern & Wegweiser

Wanderwege und -pfade gibt es ohne Ende und in der Regel ist die Ausschilderung top. Es ist praktisch, von den Übersichtswanderkarten ein Foto mit dem Smartphone zu machen, dann hat man sie immer dabei. Ansonsten gibt es ganz klassisch auch in den Touristinfos Karten, gratis oder zu kaufen. Die Entfernung zum Wanderziel ist in Bayern nicht in Kilometern, sondern in Zeit angegeben. Die Schwierigkeit der Wanderrouten wird durch ein Farbschema der Wegweiserpfeile angezeigt und ist in drei Grade unterteilt: gelb-weiß steht für einen netten Spaziergang, weiß-rot-weiß kennzeichnet einen Bergwanderweg, der auch schon steil und schmal werden kann, und weiß-blau-weiß markiert anspruchsvolle alpine Pfade, bei denen Kletterausrüstung erforderlich sein kann. Die Einstufung richtet sich nach der schwierigsten Wegpassage. In den Ber-

gen gibt es zusätzlich Bodenmarkierungen, meist auf Steinen bzw. Felsen, damit man sich auch bei Schlechtwetter und Nebel orientieren kann. Sie sind in der Regel rot-weiß-rot, unabhängig vom Schwierigkeitsgrad des Bergweges.

Warnhinweise & Sicherheit

Solltest du in den Bergen in eine Notsituation geraten, musst du mit optischen oder akustischen Signalen auf dich aufmerksam machen: sechs Zeichen in einer Minute, akustisch oder optisch, danach eine Minute pausieren und wiederholen. Die Antwort mit drei Zeichen pro Minute bedeutet: „Hilfe ist unterwegs". **Notruf und Bergwacht:** 112

Wildcampen & Naturschutz

Nein, Wildcampen und mit dem **Wohnmobil** irgendwo an einem lauschigen Plätzchen frei stehen ist in Deutschland nicht erlaubt. Zumindest offiziell. Wer sich jedoch unauffällig und freundlich verhält, keinen Müll liegen lässt oder Krawall veranstaltet, bei dem wird auch mal ein Auge zugedrückt. Zudem gibt es gerade in Bayern viele Parkplätze und Nischen, auch abseits großer Straßen, auf denen die Übernachtung im Womo erlaubt ist. Sehr hilfreich ist die App bzw. Webseite *park4night.com*. Vom Shabby-Parkplatz bis zum kostenlosen Luxusplatz mit Aussicht kannst du dir hier deinen Nachtplatz fürs Wohnmobilsuchen. Ebenso auf der Plattform *Campspace*. Sie ist quasi das Airbnb für Camper. Ob Wohnwagen oder Wohnmobil – gegen einen geringen Obolus bieten Privatpersonen ihren Garten, Hof oder Acker als Übernachtungsplatz an. Übernachten im **Zelt** ist in Deutschland in freier Natur verboten. Wer jedoch auf einer Isomatte im Schlafsack unter freiem Himmel nächtigt, bewegt sich in einer rechtlichen Grauzone.

Feste & Events

VOLKSFESTSTIMMUNG

Zum Viehscheid im September treten alle in Festtracht an und die Kühe werden beim Almabtrieb mit Blumenkränzen geschmückt

Januar

Neujahrsspringen und Skiflugwettbewerbe (Garmisch-Partenkirchen, Oberstdorf)

Impuls Festival (Passau): die Dreiflüssestadt rockt mit zwei Tagen Musik und Liveclubkultur gegen das Warten auf den Frühling an (*impuls-passau.de*).

Februar

Faschingsumzüge: allerorten mit alemannischen Traditionen im Allgäu

Funkenfeuer: In vielen Orten wird am Sonntag nach Aschermittwoch der Winter vertrieben

März/April

Kemptener Jazzfrühling: Treffen internationaler Bands und Künstler, *klecks.de/jazzfruehling*)

Ostertraditionen (Berchtesgadener Land): Rund um den Königssee und Bad Reichenhall wird Ostern besonders farbenfroh gefeiert. Ein Highlight ist das **Palmbuschbinden** (Palmsonntag).

Mai/Juni

Blaue Nacht (Nürnberg): Im Fokus des Spektakels mit Malern, Musikern und Akrobaten steht die Farbe Blau, *klecks.de/jazzfruehling*.

Juni/Juli

Mittelaltermarkt (Füssen): Höhepunkt ist der historische Festumzug, *mittelalterfeste.net*

Isny-Opernfestival: Open Air im Kurpark der Stadt, *isny-oper.de*

Insider-Tipp

Wer wird Fischerkönig?

Am Fischertag in Memmingen kämpfen die städtischen Fischer um den Titel (fischertagsverein.de). A Mordsgaudi!

Rock im Park (Nürnberg): Das berühmte Zeppellinfeld mutiert zur Tanzfläche, *rock-im-park.de.*

August

Volkacher Weinfest: Mitte August kannst du dich durch die fränkischen Weine schlürfen. Musik und Feuerwerk gibt's dazu.

Sandkerwa (Bamberg): Beim Fischerstechen versuchen erwachsene Männer sich mit langen Stangen in die Regnitz zu schubsen. Mit Buden, Umzügen und Feuerwerk, *sandkerwa.de.*

Chiemgau Outdoor Festival (Übersee): neu und ganz im Sinne von Frischluftfans: Aktionen, Livemusik und Kursangebote für jedes Alter, *chiemgau-outdoor-festival.com.*

September

Viehscheid (Immenstadt und Bad Hindelang): Gefeiert wird der Almabtrieb der Tiere um den 11. September mit einem Krämermarkt, Fahrgeschäften, Musik und mehr, *allgaeu-viehscheid.de.*

Oktober

Oktoberfest (München): Die Wiesn' steht ganz im Zeichen von Maß, Musik und Tanz, *oktoberfest.de.*

Jochpass-Memorial (Bad Hindelang): Alte Schlitten werden aus der Garage geholt. Das internationale Oldtimerrennen verzückt Augen und Ohren, *jochpass.com.*

Dezember

Christkindlesmarkt (Nürnberg): Wer kennt ihn nicht!? Vom 1. Advent bis Heiligabend kann an 150 Ständen geshoppt werden, *christkindlesmarkt.de.*

FEIERTAGE

1. Jan. Neujahr

6. Jan. Heilige Drei Könige

März/April Karfreitag, Ostermontag

1. Mai Tag der Arbeit

Mai Christi Himmelfahrt

Mai/Juni Pfingstmontag

Juni Fronleichnam

August Hohes Friedensfest (Augsburg), Mariä Himmelfahrt

3. Okt. Tag der Deutschen Einheit

1. Nov. Allerheiligen

25./26. Dez. Weihnachten

Camper-Packliste

CAMPINGAUSRÜSTUNG

- ○ Gasflasche (und ev. Gasinhaltsmesser)
- ○ Frischwasserkanister
- ○ Abwasserschlauch
- ○ Kabeltrommel
- ○ Campingstromadapter
- ○ Auffahrkeile oder Holzbretter als Stütze
- ○ Sanitärflüssigkeit für Campingtoilette (falls vorhanden)
- ○ Toilettenpapier
- ○ Campingstühle und -tisch
- ○ Markise und Vorzelt
- ○ Heringe und Gummihammer
- ○ Handfeger und Schaufel
- ○ Decke und Kopfkissen, alternativ Schlafsack
- ○ Wäscheleine und -klammern
- ○ Campingleuchte oder Laterne
- ○ Taschenlampe oder Stirnlampe
- ○ Taschenmesser
- ○ Duct-Tape
- ○ Handwaschmittel
- ○ Mückenspray, Sonnencreme
- ○ Nagelset (inkl. Pinzette)

Zusätzlich

- ○ MARCO POLO Straßenkarte(n)
- ○ Grill (Koffergrill oder Gasgrill)
- ○ Hängematte
- ○ Decke
- ○ Kartenspiele
- ○ Mehrfachsteckdose
- ○ USB-Adapter für Zigarettenanzünder
- ○ Powerbank

SICHERHEITSAUSRÜSTUNG

- ○ Reiseapotheke
- ○ Verbandskasten (Ablaufdatum beachten)
- ○ Warndreieck und -weste (1 pro Person)
- ○ Feuerlöscher
- ○ Ersatzreifen
- ○ Wagenheber und Radkreuz
- ○ Ersatzkanister und Einfüllstutzen
- ○ Motoröl
- ○ Starthilfekabel
- ○ Abschleppseil
- ○ Werkzeugkasten
- ○ ev. Ersatzglühbirnen und -sicherungen

CAMPINGKÜCHE

- ○ Küchenutensilien
- ○ Kühlbox (wenn kein Kühlschrank eingebaut)
- ○ Töpfe, Pfannen
- ○ Besteck inkl. Kochlöffel, Teller, Tassen, Gläser
- ○ (Brot-, Schneide-) Messer
- ○ Tupperdosen (für Reste)
- ○ Sieb
- ○ Reibe
- ○ Dosenöffner
- ○ Flaschenöffner, Weinöffner
- ○ Alufolie
- ○ Schere
- ○ Geschirrtücher, Spülmittel, Lappen, Küchenrolle
- ○ Topflappen
- ○ Müllbeutel
- ○ Kaffeekocher
- ○ Feuerzeug, Streichhölzer

NAHRUNGSVORRAT

- ○ Salz & Pfeffer, Gewürze (z. B. in kleinen Gläsern)
- ○ Öl, Essig
- ○ Kaffee, Tee
- ○ Müsli, Cornflakes
- ○ Brot, Aufstriche
- ○ Vorratslebensmittel (Nudeln, Reis, Linsen)
- ○ Gemüsekonserven: Tomaten, Mais, Kidneybohnen
- ○ Notration Essen (z. B. Dosenravioli)
- ○ Getränke

Fahrzeug-checkliste

LÄNGERFRISTIG

- ○ Gasprüfung gültig?
- ○ Grüne Versicherungskarte gültig?
- ○ HU/AU gültig?
- ○ Auflaufbremse geprüft (Fachwerkstatt)?

MITTEL- & KURZFRISTIG

- ○ Was tanken (Benzin/Diesel)?
- ○ Beladungsgrenze/-zustand?
- ○ Welche Reifen für die Destination nötig?
- ○ Winter- bzw. Sommerreifen montiert?
- ○ Profiltiefe der Reifen gecheckt?
- ○ Ölstand gecheckt?
- ○ Kühlmittelstand gecheckt?
- ○ Reifendruck gecheckt?
- ○ Öl und Kühlwasser zum Nachfüllen vorhanden?
- ○ Ladezustand Starterbatterie und Wohnraumbatterie gecheckt?
- ○ Toilette an Bord und entleert?
- ○ Wassertank vorhanden und gefüllt?
- ○ Wasserpumpe funktioniert?
- ○ Gasvorrat vorhanden?
- ○ Markise/Sonnensegel/Regenalternative vorhanden?
- ○ Vorzelt nötig?
- ○ Wohnwagen: Elektrostecker funktionieren (Bremslichter und Co)?
- ○ 12-V-Kabel vorhanden?

VOR DER ABFAHRT

- ○ Dachluke geschlossen?
- ○ Fenster zu?
- ○ (Stand-)Heizung aus?
- ○ Markise eingefahren und gesichert?
- ○ Kühlschrank verriegelt und auf 12 V umgestellt?
- ○ Alles vom Tisch geräumt und gesichert?
- ○ Schubladen und Schränke sicher geschlossen?
- ○ Tische und Stühle sicher verstaut?
- ○ Herdabdeckung zu?
- ○ Gasventil geschlossen?
- ○ 230-V-Kabel getrennt und eingepackt?
- ○ Wasserpumpe abgeschaltet?
- ○ Abwassertank geschlossen?
- ○ Trittstufe eingefahren?
- ○ Stützen eingefahren und Keile verstaut?
- ○ Wassertankdeckel verschlossen?
- ○ Handbremse gelöst?

Dann kann's losgehen!

Adventure Kids

Experten-Check von Paul Camper

Coole Spiele für lange Fahrten

Ich packe meinen Koffer

Der Erste startet mit dem Satz „Ich packe meinen Koffer und nehme mit ..." und nennt einen Gegenstand. Reihum fügt ihr nun immer eine weitere Sache hinzu, müsst aber immer alle anderen bisher genannten Dinge davor aufzählen. Wer sich irrt, scheidet aus. Wie viele Dinge schafft ihr, in euren Koffer zu packen?

Wort an Wort

Ein Mitspieler beginnt, indem er ein Wort nennt. Legt euch dabei auf eine Kategorie fest: Tiere, Berufe oder Orte. Wenn ihr euch auf Tiere einigt, könnt ihr zum Beispiel mit „Elefant" anfangen. Der nächste Spieler muss dann ein Tier mit dem letzten Buchstaben dieses Worts nennen, hier mit t, zum Beispiel „Tiger". Ihr könnt es noch ein bisschen schwieriger machen, indem ihr zusammengesetzte Wörter nutzt. Zum Beispiel „Bauherr" – „Herrenhaus" – „Haustür" und so weiter. Wem nichts mehr einfällt, scheidet aus.

Spanische Geschichten erfinden

Erfindet gemeinsam eine Abenteuergeschichte (oder auch ganz viele)! Einer von euch denkt sich den Beginn der Geschichte aus. Der Nächste knüpft dann dort an, wo der Erste aufhört, und erzählt weiter. Solange, bis ihr zu Ende erzählt habt. So geht es los: Es war einmal ein Seefahrer, der hatte einen schwarzen Bart und ein Holzbein ...

Entdeckungsreise Bayern

Welchen Tieren bist du im Urlaub bereits begegnet?

- ○ Eichhörnchen
- ○ Reh
- ○ Zitronenfalter
- ○ Murmeltier
- ○ Steinadler
- ○ Kuh

Das Bayern-Quiz

1. Der höchste Berg Deutschlands liegt in Oberbayern. Wie heißt er?

   ____

   Die Zugspitze. Die andere Hälfte liegt in Österreich.

2. Wie heißt die Schutzpatronin von Bayern?

   ____

   Bavaria

3. Nenne zwei Mittelgebirge in Bayern!

   ____

   Bayrischer Wald, Fichtelgebirge, Spessart, Odenwald …

4. Was heißt wohl „Grantlhuaba" und „Bazi" in hochdeutscher Sprache?

   ____

   Ein Grantlhuaba ist jemand, der immer herummeckert und Bazi nennen die Bayern einen Taugenichts.

Bayerns Landesflagge erinnert an ein Schachbrett, nur mit schrägen, weiß-blauen Karos. Kannst du die Landesflagge in deiner Nähe finden? Wie sieht sie aus? Klebe oder zeichne sie hier auf!

Urlaubsfeeling

Playlist

▶ **Doppel D – 99**
Hip-Hop auf Bairisch – das geht. Sänger Monaco Fränzn und Gräm Grämsn aus dem Bayerischen Wald nehmen dich mit auf Zeitreise. Mitsingen – schwierig. Mitzappeln – cool.

▶ **Fuadadeimuada – Brennnesselfeld**
Dialekt ist wieder in – fünf Jungs aus Regensburg verknüpfen positive Mukke mit bairischer Mundart.

▶ **Fiva & DJ Radrum – Frühling**
„Wenn ich an Euch denk', denk' ich an Herbst und Volksfestbier, an alle Katastrophen, die erst nach zwei Mass passiern, wird gerappt von Wordakrobatin Fiva, mitrappen und jung fühlen!

▶ **Die Toten Hosen – Bayern**
Ein Lied, das noch immer polarisiert – also lieber nicht mit heruntergelassener Scheibe damit durch München fahren.

Den Soundtrack zum Urlaub gibt's auf **Spotify** unter **MARCO POLO Bayern**

Lesestoff & Filmfutter

Sofia und die Hirschgrund-Morde – Seit 2018 verbindet die Buchreihe von Susanne Hanika das Erlebnis Camping mit mörderischen Abenteuern und bayrischem Lebensgefühl. Inzwischen ist Band 12 erschienen.

Ach, diese Lücke, diese entsetzliche Lücke – Eine dicke Portion München in all seinen Nuancen bekommst du im 2017 erschienenen 3. Teil von Joachim Meyerhoffs Lebenserinnerungen mit auf den Weg.

Kriminelles Bayern – Jahrelang ermittelte Der Bulle von Tölz rund um die einstige Bierstadt, die Rosenheim-Cops sorgen für Ordnung in ihrer Heimatstadt, Hubert und Staller klären auf am Starnberger See und um Wolfratshausen. Zu den Drehorten der Rosenheimer gibt es Führungen *(touristinfo-rosenheim.de)* und in Bad Tölz das Museum zur Serie *(dasbullevontoelzmuseum.de)*.

Alpgeister – Wer sich für Almsagen und Legenden um Naturgeister interessiert, sollte diesen Film nicht verpassen. In Grainau, Garmisch-Partenkirchen und im Allgäu gedreht, kam er 2019 in die Kinos. Nachhaltig, bildgewaltig und mystisch *(kino-on-demand.com)*.

Apps, Blogs, Websites & Videos

ADAC-Spritpreise
Tankstellenfinder, wenn es mal eilt.

Park4Night
Finde den passenden Stellplatz für die Nacht.

Campspace.com
Plattform für private Anbieter von günstigen Übernachtungsplätzen für Wohnmobil, Wohnwagen oder Zelt

Bergfex
Wander-App mit Routen und Mountainbiketouren samt GPS-Tracking

City-Apps
Viele bayerische Städte wie Nürnberg, Regensburg, Passau, Füssen und Kempten bieten kostenlose Apps zu Sightseeing und Veranstaltungen.

losamol-mundart.de
Cooler Mundartreaggae zum Einstimmen auf den Urlaub. Videos gibt es auf YouTube. Aufdrehen!

franken-sind-keine-baiern.de
Wer wissen will, was Bayern und Franken so entzweit und warum Franken nicht zu Bayern gehören will, kann die Geschichte und alle aktuellen Streitpunkte hier nachlesen.

herzallgaeuerliebst/blogspot.com
Rezepte und Ausflugstipps empfehlen hier zwei Allgäuerinnen.

vimeo.com/besler
Fotograf Jonathan Besser aus Bad Hindelang macht Zeitrafferfilme über das Allgäu.

WEGTRÄUMEN?

Mit Playlist, Lesestoff und Filmen den Urlaub aufleben lassen.

Notizen

Register

Stell- und Campingplätze

Tour A

Register

Impressum

Titelbild: Wohnmobil auf Fallertalbrücke über Sylvenstein-Stausee (laif: H. B. Huber)
Fotos: Camping Resort Zugspitze GmbH: W. Wilhelm (62); Campingplatz Aichelehof: A. u. L. Stoess (126); Freepik.com (14); huber-images: G. Graefenhain (137, 150), H. P. Huber (111); J. Israel (11, 12, 22, 27, 28, 31, 34, 36, 38, 41, 42, 44, 54, 57, 64, 130, 152, 160, 163, 168, 170, 172, 199); iStock.com: anyaberkut (178/179), apomares (187), aydinmutlu (141), Bee-individual (188), R. Biedermann (138), bitbeerdealer (176), GMVozd (Klappe hinten innen), juergen2008 (164), Koldunov (193), naumoid (183); mauritius images: U. u. H. Kolley (6), J. Kuchlbauer (72); picture alliance: C. Hesse (114), K. J. Hildenbrand (46), M. Siepmann (116, 132, 166); picture alliance/: Bildagentur-online Widmann (102); picturea alliance/ ImageBroker: N. Eisele-Hein (18/19); picturealliance/ dumont Bildarchiv: R. Eisele (124); picturealliance/Image Broker: Movementway (96); Shutterstock.com: Altrendo Images (15), Animaflora PicsStock (81, 94), candastock (Klappe innen, vorne), M. Cruz (100, 107), DaLiu (128), DisobeyArt (4/5), Drepicter (8), Eder (122), M. Elliott (32), G. Farkas (108), Felix_S (88), footageclips (68, 118), FooTToo (48, 60, 154, 159), franconiaphoto (92), J. Hendrik (78), R. Hesse (174), M. Hofmann (98), O. Khomenko (112), A. u. L. Korchemkin (148), leoks (90), D. D. Mann (120), mindscapephotos (58), moreimages (16), M. Nash (70), NeZlat (82), D. Ovidiu (146), P. Pawel (77), Scirocco340 (86), P. Stein (142), P. Stock (184), tomtsya (17), M. Warwick (53), xbrchx (85)

1. Auflage 2021
© MAIRDUMONT GmbH & Co. KG, Ostfildernw
Autorin: Juliane Israel
Lektorat & Bildredaktion: Silvia Engel
Kartografie: © MAIRDUMONT, Ostfildern, unter Verwendung von Kartendaten von OpenStreetMap, Lizenz CC-BY-SA 2.0
Gestaltung Umschlag & Layout: Sofarobotnik, Augsburg & München

Printed in Italy

Lob oder Kritik? Wir freuen uns auf deine Nachricht!

Trotz gründlicher Recherche schleichen sich manchmal Fehler ein. Wir hoffen, du hast Verständnis, dass der Verlag dafür keine Haftung übernehmen kann. Wir freuen uns aber, wenn du uns schreibst: MARCO POLO Redaktion • MAIRDUMONT • Postfach 31 51 • 73751 Ostfildern • info@marcopolo.de

MARCO POLO AUTORIN

Juliane Israel

Es ist die beinahe unendliche Freiheit, die unsere Autorin am Camperdasein so liebt. Einfach losfahren, die Natur spüren, so lange bleiben, wie man möchte. In Bayern mag sie vor allem die Abwechslung zwischen historischen und romantischen Städten, klaren Seen, Hügelland und Alpengipfeln – hier ist die Welt für die Campernomadin in Ordnung. Das Allgäu mit seinen Voralpentälern, Klammen und Almwiesen sowie die Fränkische Schweiz mit ihren skurilen Felsformationen haben es ihr besonders angetan. Selbst Biertrinken hat sie hier schätzen gelernt.

Bloß nicht ...

Schlecht ausgerüstet in die Berge aufbrechen

Egal wie schön das Wetter auch sein mag – eine gute Ausrüstung ist das A und O bei einem Trip in die Bergwelt. Wasser, trittsichere Schuhe, Regen- und Sonnenschutz sind ein Muss. Auch ein Powerriegel kann nicht schaden.

FRANKEN ALS BAYERN BEZEICHNEN

Bayern sind Bayern und Franken sind Franken – basta. Manch ein Franke tut zwar, als habe er nicht gehört, wenn du seine Heimat oder ihn als Bayern bezeichnest, aber im Herzen versetzt es ihm einen Stich. Bis 1803 war Franken nämlich eigenständig und wurde dann unter das bayrische Dach gezwungen. Das schmerzt bis heute.

Auf Krampf versuchen, Bairisch zu sprechen

Versucht man mit „Ja mei" oder „Pfiat di" besonders bayerisch rüberzukommen, klingt das in den Ohren eines echten Bayern garantiert gruselig. Ein freundliches „Grüß Gott" ist völlig ausreichend. Die Bayern lieben und pflegen nämlich ihren einzigartigen Dialekt.

DEN BIERKRUG-DECKEL-CODEX MISSACHTEN

In vielen Regionen, vor allem in Franken, kommt der Gerstensaft in der Wirtschaft noch im traditionellen Steinkrug mit Zinndeckel daher. Keine Wespe fliegt hinein, das Bier bleibt kühl und frisch. Und: Die Kellnerin weiß, was du willst, ohne zu fragen. Denn: Ist der Deckel geöffnet, möchtest du ein neues Bier, ist er geschlossen, bist du noch versorgt. Alles klar!?

Mitten im Festzelt übergeben

Du wärst nicht der oder die Erste, die sich in Sachen Trinkfestigkeit beim Oktoberfest völlig überschätzt und einfach ein paar Bier zu viel bestellt. Sollte anschließend der Magen rebellieren, unbedingt rechtzeitig das Weite suchen. Der Anblick sturzbetrunkener Gäste gehört zwar in gewisser Weise zum Ambiente, doch die wieder hochgewürgte Weißwurst möchte im Festzelt keiner sehen. Das gilt übrigens auch für Wiesnbesucher in Lederhose oder Dirndl in nachgeahmten Günstigvarianten – eine echte Provokation.